AF524014

Rela Ferenz

Tod in Tegel

und andere Geschichten
Neubearbeitungen

Abbildungen und Umschlagfoto
nach Arbeiten und Entwürfen
von Christina Günther

Rela Ferenz

Tod in Tegel

und andere Geschichten

Shaker Media

Bibliografische Information der Deutschen Nationalbibliothek
Die Deutsche Nationalbibliothek verzeichnet diese Publikation in der Deutschen Nationalbibliografie; detaillierte bibliografische Daten sind im Internet über http://dnb.d-nb.de abrufbar.

Printed in Germany.

ISBN 978-3-98903-015-2

Shaker Media GmbH • Am Langen Graben 15 a • 52353 Düren
Telefon: 02421 / 99 0 11 - 40 • Telefax: 02421 / 99 0 11 - 49
Internet: www.shaker-media.de • E-Mail: info@shaker-media.de

Inhalt

Vorrede

Schon recht,
an der Wahrheit geht nichts vorbei,
höchstens einmal eine Lüge.
Das leidige Maß Bestechlichkeit
wickelt dich in seine Wiege.
Es wickelt dich ein, damit du nicht schreist,
wohl in das feinste Kleid
und singt dir der ewigen Litanei
unendliche Langweiligkeit.

Erinnerungen an Gera und Bernburg

1. Lina, hast du in der Küche auf dem Herd die Milch ausgetrunken. Du hast den Buben die Milch weggetrunken. Ei, was für eine unverschämte Person. Ich soll den Buben die Milch weggetrunken haben. Dass du dich nicht schämst, mir so etwas ins Gesicht zu sagen.
Drei Schwestern waren es, Emma, Lottchen und Lina, die unablässig im Streit lagen. Keine ließ eine Gelegenheit aus, der anderen eine Verfehlung nachzusagen oder anzuhängen. Es waren die Entbehrungen der letzten Kriegsjahre, die immer wieder Spannungen aufkommen ließen. Tante Emma gehörte die Wohnung, in der sie alle drei lebten. Sie hatte auch die Mittel, war aber durch eine damals unheilbare Krebserkrankung ans Bett gefesselt. Tante Lottchen lebte still und zurückgezogen. Lina war meine Großmutter, ein von Grund auf gütiger Mensch, wie ich es nie wieder erlebt habe. Sie nahm uns Kinder bei der Hand, und dann konnten wir draußen nach Herzenslust herumturnen, im heruntergekommenen Schlossgarten, der viele Attraktionen für uns bereithielt. Wir durften alles. Sie liebte uns abgöttisch. Von den drei alten Damen mochten wir sie am meisten. Ich kann mich nicht erinnern, jemals eine Zurechtweisung oder gar ein böses Wort von ihr gehört zu haben. Sie war früh Witwe geworden, und nun hatte sie diese Gedächtnisausfälle. Natürlich hatte sie, völlig abwesend, die Milch getrunken. Der Topf stand noch auf dem Herd und nun war er leer. Am

liebsten hätte ich gesagt, die Milch ausgetrunken zu haben. Aber da stand Lina schon am Pranger. Es geht ungerecht auf der Welt zu, abgrundtief ungerecht. Das habe ich früh gelernt. Wie kommt es, dass man sich damit nicht abfinden kann, dass man sich zum Glück damit nicht abfinden kann.

Das alles war in Gera. Später wohnte meine Großmutter bei uns in Bernburg. Sie wollte immer in ihre alte Heimat, nach Ottweiler im Saarland und konnte nich verstehen, dass dies unter den Verhältnissen, die nun nach dem Krieg herrschten, unmöglich war. Mit ihrem Kopf wurde es immer schlimmer, bis sie schließlich untergebracht wurde, wie es so schrecklich heißt. Die Bilder, die ich davon in Erinnerung habe, werde ich nicht vergessen. Aufschreiben will ich darüber nichts, damit es irgendwann versinkt. Nur eins. Hinter einem vergitterten Fenster hat sie mir zugewinkt, als ich nach meinem letzten Besuch bei ihr wieder ging. Bei dem Gedanken an diesen Abschied heule ich heute noch. Sie muss es gemerkt haben. Das ist mir so wichtig. Jetzt weiß ich auch, warum diese verheerenden Unwetter über uns kommen, die unsere Hütten mit sich reißen und entwurzelte Bäume durch die Luft schleudern. Anschauungsunterricht soll das sein, weil wir nur so etwas wahrnehmen. Ein Wink mit dem Wirbelsturm für die Seelen brauchen wir, die Augen aufzumachen.

2. Herr Pirl trug eine ganze Buttercremetorte hoch über dem Kopf, unverpackt, damit es alle von weitem sehen konnten, vor allem seine Frau. Er war ein hoch aufgeschossener, starker, schlanker, junger Mann mit dichten, glatten, schwarzen Haaren. Herr Pirl war Rumäne. Der Krieg hatte ihn hierher verschlagen. Und nun verdiente er sich sein Geld mit harter Akkordarbeit in den Solvay-Werken. Wenn er dann nach Hause kam, fasste er seine Frau schon mal grob an. Das tat ihm dann aber auch gleich wieder sehr leid. Zur Wiedergutmachung brachte er so eine wunderbare Torte an. Die gab es nur oben in der Linden-Konditorei. Die wenigsten konnten in diesen Zeiten daran denken, sich davon auch nur ein einziges Stück zu kaufen. So eine Torte kostete achtzig Mark. Mehr als zweihundert hatten die meisten nicht zum Leben für den ganzen Monat.

Die Pirls wohnten zwei Etagen über uns, ganz oben unter dem Dach. Wenn er ankam, versetzten wir hilfsbereit der Haustür einen Tritt, die davon aufsprang. Herr Pirl war für uns eine Attraktion. Wir bewunderten ihn. Er nickte uns freundlich zu und ging hoch. Ich habe ihn nie sprechen hören und glaube, er verstand kein Wort deutsch.

Das war eine unserer Lieblingsbeschäftigungen, der Tritt gegen die Haustür. Eine schöne alte Holzarbeit war das, reich verziertes, schweres Holz. Man brauchte keinen Schlüssel und brauchte nicht zu klingeln. Ein Tritt, und die Tür sprang auf. Auch das Schloss muss sehr robust gewesen sein. Es nahm von unseren Attacken nicht den geringsten Schaden, die ganzen Jahre über nicht.

Es ist immer noch dieselbe Tür. Wenn ich mal wieder vorbei gehe und es ist weit und breit keiner in der Nähe, muss es noch einmal probieren, mit dem Tritt.

3. Über uns, in der ersten Etage, das waren feine Leute, Hoffmanns. Er machte die Verwaltung vom Krankenhaus und hatte Zugriff auf alle Versorgungsgüter, die eigentlich für die Patienten bestimmt waren. Ganz so genau hat er es wohl nicht genommen. Jedenfalls lebten die Hoffmanns in einer anderen Welt. Von seinem Gehalt konnte das nicht alles kommen. Was die für Kontakte hatten, blieb mir verborgen. Ich kannte jedenfalls keinen seiner Besucher. Verwaltungsdirektor nannte er sich oder einfach nur Herr Direktor. Das schaffte Abstand, der sich denn auch einstellte. Aalglatt war der.
Die Stadt war aber dabei, ihre Kontrollmechanismen zu installieren. Und dann hieß es auf einmal, mit den Büchern stimme etwas nicht im Krankenhaus. Gegen Hoffmann werde ermittelt. Wer traut sich denn so was. Vielleicht einer, der nichts abgekriegt hat. Jedenfalls waren die Hoffmanns eines Tages weg, alle, er, seine Frau und die beiden Kinder, abgehauen in den Westen. Seine Akte wanderte ins Archiv. Was aus denen geworden ist, weiß ich nicht. Vermutlich hat er als politisch Verfolgter einen erfolgreichen Neustart hingelegt. Und irgend einen Unsinn zu verwalten gibt es ja immer.

4. Im Nebenflügel ging es heftig zu. Familie Burkhard war aus dem Osten zugereist. Er musste beim Straßenbau hart arbeiten, und sie war in einer Großküche angestellt. Wenn sie dann abends nach Hause kamen, hatten sie beide Hände voll zu tun, den Unfug ihrer drei Kinder wieder gerade zu biegen. Dabei waren sie nicht zimperlich, ohne jedoch den Einfallsreichtum ihrer Sprösslinge dämpfen zu können. Ständig drang irgendein Geschrei zu uns herüber, er gegen sie, die Kinder untereinander, die Eltern gegen die Kinder, alle Gruppierungen, die man sich denken kann.

Besonders gewitzt war der Jüngste, den sie alle nur Äppel nannten. Im Grunde hatte er die richtige Idee. Im Park war er auf einen Baum geklettert und dann auf einen Ast balanciert, der über den Weg ragte. Zu einer bestimmten Stunde kam Hoffmann aus der ersten Etage da immer vorbei. Sein Projekt war, genau in dem Augenblick, in dem Hoffman unter dem Ast vorbeiging, diesen als Donnerbalken zu benutzen. Gesagt, getan, gelungen!

Doch Äppel verlor bei seinem Geschäft das Gleichgewicht, fiel vom Baum, nicht ganz wie eine Katze und handelte sich einen komplizierten Bruch an seiner Hand ein, mit der er den Aufprall hatte abfangen wollen. Ganz ausgeheilt ist das nie. Eine Rente als Widerstandskämpfer gegen die Ungerechtigkeiten auf dieser Welt hat er nicht bekommen. Hoffmann war zu dieser Zeit schon zu sehr mit der Fälschung seiner Bücher und der Planung seiner Flucht beschäftigt, als dass er auch noch gegen die Burkhards eine Anzeige anstrengen konnte. Den Anzug, mit dem er an diesem Tag das Haus verlassen hatte, habe ich an ihm nicht wieder gesehen.

5. Diese vier Parteien unter einem Dach in der Mozartstraße in Bernburg, Hoffmanns, Pirls, Burghards und wir.
Eine große, zusammengewürfelte Nachkriegsfamilie waren wir. Sechs Kinder, vier von meinem neuen Stiefvater und mein Bruder und ich mit unserer Mutter. Und dann eben unsere Großmutter, die gegen niemanden jemals ein böses Wort gesagt hat und von allen geliebt wurde, sich aber nun in der Welt nicht mehr zurechtfand. Meine Mutter hielt die Fäden in der Hand. Wie sie das mit den vier dazugeheirateten Kindern bewältigt hat, ist mir bis heute ein Rätsel geblieben. Alles nebenher, muss man dabei im Auge haben. Sie hat als Lehrerin angefangen, parallel dazu die Ausbildung dafür absolviert und sich bis in die Schulleitung hochgearbeitet.
Eine wirkliche Familie sind wir nie geworden, obwohl es an Bemühungen dazu nicht gefehlt hat. Die Kluft war einfach zu groß. Jeden Morgen hingen von den ‚Neuen‘ die eingenässten Bettlaken im Hof auf der Leine.
Gerda, die Älteste, klaute, was ihr unter die Finger kam und verdiente sich auf dem Strich was dazu. Wir hatten dann schon mal die Sitte im Haus und die Hygiene vom Seucheninstitut. Aber kein Alkohol, das war vielleicht am Ende ihrer Rettung
Mir kann keiner erzählen, Wunder gibt es nicht. Gerda heiratete einen Neuapostolischen, schenkte ihm zehn Kinder, hatte bald keine Zähne mehr

und führte ein Familienleben wie es im Buche steht. Jeden Sonntag war sie in der Kirche.
Alle vier der dazugeheirateten Kinder gingen in die Schule meiner Mutter, Gerda, Jürgen, der immer nur Jockel genannt wurde, Manfred und Sonja. Für meine Mutter war das ein Martyrium. Einerseits wollte sie alle vier durch die achte Klasse bringen, damit sie einen ordentlichen Beruf erlernen können. Andererseits wurde sie mit den schier unüberwindlichen Lücken, die sie in fast allen Fächern hatten, von ihren Kollegen bombardiert.
Am schlimmsten stand es mit den schulischen Leistungen um Jockel. Da bedurfte es doch einiger Klimmzüge, damit er nicht vorzeitig abgehen musste. Sag niemandem, dass du bei uns deinen Abschluss gemacht hast, entließen ihn seine Lehrer mit den besten Wünschen. Vermutlich war es eine Legasthenie, die ihm so arg zusetzte. Damals war so etwas noch nicht in der Diskussion. Jockel hat dann bei der Stasi Karriere gemacht. Sein Spürsinn war beachtlich, so dass er nach der Wende übernommen werden konnte.
Als endlich alle vier die Schule meiner Mutter mit Ach und Krach verlassen hatten, konnte sie aufatmen. Es wurde auch höchste Zeit, da ihre Gesundheit das nicht mehr lange mitgemacht hätte. Von den andern beiden nur so viel, dass Sonja Krankenschwester wurde und Manfred Koch.
Was auch geschieht. Es geht immer weiter.
Meine Theorie von den Sprungfedern will ich hier noch aufschreiben. Zur Geburt sind wir alle mit ein paar Milliarden Sprungfedern ausgestattet,

die nacheinander im Millisekundentakt, aufgehen und uns umtreiben. Zu Anfang geht es rasent schnell. Dann werden es immer weniger Federn, die sich noch entspannen können, bis sie am Ende alle verbraucht sind. Man darf die Spiralen bloß nicht mit Pfannkuchen und Zuckerschnecken zukleistern, weil sonst der Ablauf gestört wird. Und da habe ich heute einen siebenjährigen Jungen gerettet, Andreas, Gesicht wie ein Pfannkuchen und auch sonst diesem sehr ähnlich. Beim Bäcker gab ich ihm einen Tennisball, wenn er im Gegenzug darauf verzichtet, sich eine Zuckerschnecke zu kaufen. Wir verabredeten uns für den nächsten Tag auf dem Sportplatz. Volltreffer. Schon beim zweiten Satz im Squash zog er mit mir gleich. Ich habe ihn gleich im Verein angemeldet. Da spielt er noch heute. Wenn ich mal vorbeisehe, geht er mit mir in die Kantine und kauft für mich eine Zuckerschnecke, weil ich so blass wäre. Wir teilen sie uns, und schon wirbelt er wieder weg.
Da mein Stiefvater ins Innenministerium aufgestiegen war, konnten wir nun die Tage unserer Großfamilie in Bernburg zählen. Bis in die fünfte Klasse war ich hier gegangen. Zwei Dinge sind mir von diesem Schuljahr in besonderer Erinnerung geblieben, der Russischlehrer, der entnervt den Kopf auf das Klassenbuch fallen ließ und heulte und der Zeichenlehrer, der mit der Kreide aus freier Hand einen großen Kreis an die Tafel malte wie mit einem Zirkel. Das kann ich auch, machte ich ihn neugierig, ging nach vorn und zauberte mit der Kreide einen Punkt auf die

Tafel. Ein etwas kleinerer Kreis, erklärte ich dazu. Ich hatte Glück, dass er mir nicht ein paar hinter die Ohren gab. Das war damals noch erlaubt. Aber jetzt ging es erst mal ab nach Berlin.

Der Hauptbuchhalter

1. Jeden Tag nahm Herrmann denselben Fußweg zur Arbeit. Wenn er die Bürotür öffnete, ertönte ein Gong. Das war Punkt acht. Danach hätte man die Uhr stellen können. Dann betätigte er den Stechautomaten, der mit seinem unverwechselbaren Klingeln eine Karte mit dem Beginn der Arbeitszeit auswarf.
Herrmann hatte noch einen richtigen Hochsitz, einen echten Bürohocker, mit dem allein er auf seinem Pult arbeiten und alle Vorgänge übersehen konnte. Von da oben blieb ihm nichts verborgen, so dass es von den unteren Angestellten gar keiner erst versuchte, außerhalb der Pausen, deren Beginn und Ende Herrmann bestimmte, von der Arbeit aufzusehen. So konnte Herrmann auch zwischendurch schon einmal ungestört sein Vesperbrot hervorholen, ohne dass dies jemandem aufgefallen wäre.
Herrmann hatte nie eigene Ziele gehabt und sich treiben lassen. Die Textilfabrik seiner Eltern gab dazu die nötige Sicherheit. Da er aber irgendetwas machen musste, hatten ihn die Eltern frühzeitig ins Kontor gesteckt und ihm dazu seine Irene verpasst. Das bisschen Buchhaltung hatte er schnell begriffen. Und er gehorchte seiner Frau, zum Schein, nur, wenn sie direkt neben ihm stand. Dazu muss man wissen, dass Irene streng puritanisch, asketisch und absolut unerträglich war. Und natürlich gab es nur vegetarische Kost. Kinder hatte sie keine bekommen. Das war das einzig Gute an ihr, und für die

Kinder war es gut, die sie nicht bekommen hatte. Irene und Kinder, das wäre so gewesen wie Salzhering mit Schlagsahne. Herrmann strebte jeden Tag zielstrebig ins Büro. Damals wurde zum Glück auch noch samstags gearbeitet. An den Sonntagen war Skat. Das konnte sie nicht unterbinden, wenn sie sich in der Gesellschaft nicht ganz und gar unmöglich machen wollte.
Herrmann saß zufrieden auf seinem Bürohocker. Er, Herrmann Sommer, war hier der Hauptbuchhalter und nach dem Tod seiner Eltern auch alleiniger Firmeninhaber. Die eigentliche Arbeit hatte er delegiert. Er saß hier nur und gab Obacht. So ließ es sich leben. Er musste nur ständig was erfinden, wie er sich Irene vom Halse hielt. Zum Glück waren da die Messen, ein Geschenk des Himmels. Im Frühjahr und Herbst nach Leipzig und dann noch einmal nach Frankfurt. Das musste er ausbauen.
Er sah seinen Arbeiterinnen auf die Finger. Eine ganz Kecke war darunter, Edeltraud. Wie emsig sie ihre Finger bewegte, und wie artig sie auf ihrem Platz saß. Er verschaffte ihr ein paar Vergünstigungen, indem er sie zur Abwechslung etwas besorgen schickte. Und dann stand sie neben seinem Bürohocker und rechnete alles sorgfältig ab. Auch hierbei war sie sehr flink. Herrmann hatte Mühe, Edeltrauds schnellen Abrechnungen zu folgen. Ihre Kleidung war tadellos und gab keinerlei Anlass zur Kritik. Ihre verführerische Gestalt konnte und wollte sie aber nicht verbergen. Und was für anmutige Bewegungen. Herrmann hatte sich mit den Augen

an ihr festgebissen. Und Edeltraud musste die einzelnen Posten noch einmal durchgehen, weil er angeblich irgendetwas nicht verstanden hatte. Er war aber nur von ihrer Erscheinung in lebhafte Phantasien entführt worden. Sein Blick hatte die ganze Zeit nur an ihrer Figur gehangen. Deswegen hatte er überhaupt nicht zugehört. Wegen der vielen schwierigen Sonderaufgaben, die Sie hier leisten, reduziere ich erst einmal Ihre Stundennorm, Fräulein Edeltraud, versuchte er sie gefügig zu machen.

2. Eines Tages winkte er sie wieder einmal zu sich. Ich brauche Sie für Zuarbeiten auf der Messe, teilte er ihr mit. Sie solle für morgen ein paar Sachen zusammenpacken und pünktlich um acht Uhr auf Bahnsteig 1 sein. Acht Uhr zehn geht der Zug nach Leipzig ab. Edeltraud war ganz außer sich vor Begeisterung und strengte sich sehr an, nichts davon nach außen sichtbar werden zu lassen. Ihr Puls raste. Sie können sich auf mich verlassen, Herr Sommer, sagte sie nur. Das erste Mal in ihrem Leben raus aus diesem Nest und dann gleich nach Leipzig, in die große Welt nach Leipzig. Edeltraud stand seit halb acht auf dem Bahnsteig. Sie hatte sich adrett bis verführerisch zurechtgemacht. Acht Uhr fünf kam Herrmann. Den hatte sie mit ihrem Chic sofort in ihren Bann gezogen. Herrmann fuhr erster Klasse und ließ sich genüsslich in die Polster fallen. Edeltraud hatte in der zweiten Klasse auch eine richtige Bank mit Lehne. Sie hatte den Koffer mit den Exponaten, auf den sie sorgfältig Acht gab.

In so einem Zug hatte sie noch nie gesessen. Und die Lokomotive, was für ein Wunderwerk. Sie wurde von einem tiefen Glücksgefühl erfasst, wie sie es noch nie kennengelernt hatte.
Nachdem sie in Leipzig ausgestiegen waren, überlegte Herrmann fieberhaft, wie er das mit der Übernachtung machen sollte. In der Pension „Zum Löwen“ stieg er ab, wie immer. Wir haben schon für Sie reserviert, Herr Sommer, wurde er begrüßt. Die Suite und der Messetisch in der Bar. Und ein Zimmer für meine Nichte Edeltraud, machte er auf seine Begleiterin aufmerksam. Ja natürlich, das lässt sich machen. Herr Sommer mit Nichte Edeltraud Sommer, trug der Angestellte in seine Bücher ein. Er gab ihnen die Schlüssel, und beide verschwanden nach oben. Ein Hoteljunge nahm die Koffer.

3. Vierzehn Uhr im Restaurant, sagte Herrmann nur. Dann müssen wir gleich los und zog sich in seine Suite zurück.
Vorsichtig öffnete Edeltraud ihre Zimmertür. Wieder überströmte sie diese Seligkeit. Wie gut sie es nun hatte. Diesen Herrmann musste sie sich warm halten.
Das Kleid, das sie zu Tisch trug, war bei strengen Maßstäben vielleicht eine Spur zu kurz und der Ausschnitt ein wenig zu gewagt, aber alles so, dass niemand hätte was dagegen sagen können. Doch es reichte, um Herrmann ziemlich durcheinander zu bringen. Edeltraud trat immer sicherer auf, und Herrmann dackelte ihr schon richtig hinterher.

Die Messe lief gut. Der Charme seiner Begleiterin gab den Ausschlag für zahlreiche Aufträge, die Herrmann erhielt. Er hängte im Hotel noch einen Tag dran. Das Hotel bot auch eine gemischte Sauna an. Aber Edeltraud überhörte es einfach, wenn er davon anfangen wollte. Sie merkte wohl, wie er abends vor ihrer Tür hin und her tigerte. Dann gab sie keinen Mucks von sich, so dass er nicht mal wusste, ob sie überhaupt da war. Schließlich zog er enttäuscht ab zu seinem Messetisch.
Ihr Gehirn arbeitete fieberhaft. Der Mann war alles andere als attraktiv und harmlos war er, ein alter Trottel, trotz seiner erst fünzig Jahre. Zu dem hätte sie sich splitternackt ins Bett legen können ohne die geringste Gefahr für Leib und Seele. Wenn sie den an der Leine hatte, und er machte ja schon alles, was sie sagte, hatte sie es geschafft.

4. Im Herbst komme ich mal mit zur Messe, kündigte Irene an, die sich zu Hause langweilte. Ich möchte endlich mal wissen, was du da eigentlich die ganzen Tage machst. Da musste Herrmann nun Edeltraud zu Hause lassen.
Im Hotel „zum Löwen“ stiegen sie ab. Mit Mühe schaffte es Herrmann, ein paar Sekunden vor Irene an der Rezeption zu sein. Und Ihre Nichte, wollte der noch sagen. Kein Wort von meiner Nichte, zischte er über den Tresen, und instruieren Sie das Personal und steckte ihm einen Riesen zu. Das kam an. Dann stand auch Irene schon neben ihm. Das freut mich aber, auch

einmal die Frau Gemahlin begrüßen zu können. Sie sollen sich bei uns wohl fühlen, Frau Sommer. Zögern Sie nicht, Ihre Wünsche vorzubringen.
Herrmann versuchte, die Messe für Irene so langweilig wie möglich zu gestalten. Ständig war er weg und ließ sie in den großen Hallen alleine rumstehen. Immer, wenn ich Dich brauche, bist Du weg, machte er ihr Vorwürfe. Da war sie denn froh, als sie wieder zu Hause war. Mich kriegst Du da nicht wieder hin, sagte sie nur. Es geht ums Geschäft, bemerkte Herrmann zufrieden. Ich muss das schon auf mich nehmen. Eine große Hilfe warst Du ja nicht gerade. Jetzt, wo wir expandieren, werde ich dann eben aus dem Büro oder aus der Fertigung jemanden mitnehmen. Wenn wir noch ein paar Marktanteile dazu bekommen, kannst Du Dir auch Deinen Pelzmantel kaufen. Irene war es zufrieden. Und Herrmann freute sich wieder auf die Messe mit Edeltraud.

5. Und Edeltraud freute sich auch. Diesmal wird sie sich gefügig zeigen, seinem Charme erliegen, schwach werden. Ein wenig musste sie ihn noch hinhalten, um aber gleichzeitig immer mehr Vertraulichkeiten auszutauschen.
Und dann war es soweit. Edeltraud gab ihren Widerstand auf und ließ sich sanft in seine Suite hineindrängen. Den feinsten Champagner hatte er bereit stehen. Sie gab sich angeheitert. Und schließlich verbrachte sie mit ihm eine Nacht, wobei sie sich zusammenreißen musste, nicht laut loszulachen. Der Höhepunkt seiner Intimitäten war, dass er Traudchen zu ihr sagte.

Die Messe in Leipzig, das war die große weite Welt. Hierher kamen sie aus aller Herren Länder. Vor allem waren natürlich die aus dem Westen interessant, aus Westdeutschland besonders. Bei ihrer Erscheinung war es nun wirklich nicht schwer, sich so einen Messeprinzen zu angeln. Und Geld hatten die und waren noch feiner untergebracht. Sie schlenderte bei so einem Feingeist vorbei an einem Stand mit Zeitschriften und Büchern und sah sich die Mode an. Ob er helfen könne, und einen Kaffee schenkte er ein. Elmar hieß er und kam aus Goslar. Ganz dicht am Osten. Da hatten sie nach dem Krieg noch einmal Glück gehabt. Es gab viel zu erzählen. Die Abende wurden lang, und tanzen gingen sie. Natürlich sollte sie glauben, er hätte ernsthafte Absichten. Sie gab sich naiv, eine aus dem Osten, ein Hausmütterchen mit ihren Strick- und Häkelwaren aus der vermeintlich eigenen Textilfabrik, vermutlich irgend so eine vollgestopfte Baracke auf dem Hinterhof mit einer Nähmaschine, die seinen Schwindel nicht durchschaut. Sie wurden ein Paar. Edeltraud traf sich mit Elmar auch nach der Messe, bis sie merkte, dass sie schwanger war. Dann brach sie den Kontakt ab. Alle seine Bemühungen, sie ausfindig zu machen, liefen ins Leere. So hatte sie das eingefädelt.
Und nun stürmte sie zu Herrmann und kam vollkommen außer Atem bei ihm an. Herrmann, Du wirst Vater. Wir kriegen ein Kind. Ist das nicht herrlich. Stell Dir doch vor, endlich wirst du Vater. Herrmann wusste gar nicht, wie ihm geschieht. Irgendwas hatte sie rumgewurschtelt.

Und nun bekam sie von ihm ein Kind. Das war ja großartig.
Prokura brauchte sie für die Firma. Die meisten Abschlüsse gingen ja sowieso auf ihr Konto. Herrmann war selig und unterschrieb alles.

5. Zurück zu Hause, nahm der Alltag wieder seinen Lauf, scheinbar. Edeltraud war häufig unpässlich, Erbrechen, die üblichen Beschwerden und fiel ständig aus. Auch ihre äußere Erscheinung war nicht mehr dieselbe. Die zunehmende Körperfülle konnte sie zunächst noch verbergen. Aber dann stolzierte sie mit ihrem dicken Bauch durch die Werkhallen, dass man es nicht übersehen konnte.
Herrmann bekam nun doch Angst und wollte Edeltraud zur Kur schicken. Edeltraud lehnte ab. Sie wollte unbedingt in der Firma bleiben, um die Zügel richtig in die Hand zu nehmen.
Als Irene einmal in der Nähe war, zeigte sich Edeltraud in ihrem Zustand, hoch schwanger.
Sie kriegen ja ein Kind, war Irene erschrocken. Dann können wir Sie hier aber nicht länger beschäftigen. Herrmann, hast Du das gesehen. Du musst diese Frau sofort entlassen. Wenn Sie denken, sich hier auf unsere Kosten vergnügen zu können, haben Sie sich aber verrechnet, mein Fräulein. Irene war erbost.
Meine liebe Frau Sommer. Nun tun Sie doch nicht so, als wenn Sie nicht wüssten, was Ihr Herrmann auf der Messe treibt. Da sind wir uns im Frühjahr in Leipzig etwas näher gekommen. Und nun kriegen wir eben ein Kind. Nicht wahr,

mein lieber Herrmann. Dann hat unsere Firma, sie sagte ausdrücklich unsere Firma, wenigstens einen Erben.
Irene rang nach Luft. Herrmann, hast Du das gehört. Gib dieser unverschämten Person sofort ihre Papiere und setze sie vor die Tür, bekam sie gerade noch heraus. Nun setzte Edeltraud noch eins drauf. Du alte, vertrocknete Ziege, wurde sie absichtlich grob, Du hast meinen armen, lieben Herrmann verhungern lassen und bist wahrscheinlich noch Jungfer. Irene ruderte nur noch mit den Armen. Dann erlitt sie einen schweren Schlaganfall, von dem sie sich nicht wieder erholte.
Irenes Beisetzung war eine trockene und einsame Angelegenheit. Mit ihrer Familie gab es schon lange keine Kontakte mehr, wenn es denn überhaupt jemanden gab. Nur Herrmann atmete schwer. Edeltraud hatte eine Feuerbestattung angeordnet und ein Holzkreuz bestellt. Das war billiger. Irene war bald vergessen. Jetzt standen wichtigere Ereignisse ins Haus.

6. Ein Junge wurde es. Edeltraud nannte ihn Herrmann. Sie ließ ein neues, großes, prächtiges Firmenschild anfertigen.

Herrmann und Edeltraud Sommer

Textilfabrik

Strickwaren

Dann erst schnappte sie sich ihren Mann und verhängte zwei Tage unbezahlte Betriebsferien. Sie fuhren nach Leipzig und stiegen im Hotel „Zum Löwen" ab. Da waren sie willkommen. Die Suite und der Messetisch für Herrn Sommer und ein Zimmer für Nichte Edeltraud wie immer, wollte der Herr an der Rezeption schon eintragen. Die Nichte lassen Sie mal weg. Meine Frau ist unerwartet dem Schlagflusse erlegen. Da hat sich Edeltraud meiner angenommen, und wir werden nun als Eheleute gemeinsam die Suite nehmen. Alles zu Ihren Diensten, Herr Sommer. Kein Messetisch, ordnete Edeltraud noch an.

In der Thomaskirche ließen sie sich trauen.

Nach zwei Tagen entschied Edeltraud, es sei genug. Sie fuhren nach Hause, und Edeltraud setzte Herrmann wieder auf seinen Bürohocker. Jeden Tag nahm Herrmann denselben Fußweg zur Arbeit. Wenn er die Bürotür öffnete, ertönte ein Gong. Das war Punkt acht. Danach hätte man die Uhr stellen können. Dann betätigte er den Stechautomaten, der mit seinem unverwechselbaren Klingeln eine Karte mit dem Beginn der Arbeitszeit auswarf.

Mit dem gemütlichen Nichtstun auf seinem Hocker war es aber vorbei. Edeltraud hatte den Buchhalter, der sonst die Arbeit gemacht hatte, an die frische Luft gesetzt. Herrmann durfte sich weiter Hauptbuchhalter nennen, nur dass er jetzt auch etwas dafür tun musste.

Edeltraud hatte eine Kinderfrau eingestellt und hielt die Fäden in der Hand.

Das Kabel

1. Ein Problem bei der Wurzel packen. Wer hätte das noch nicht vor sich hin gefaselt. Hast du dich aber wirklich schon einmal mit einem Spaten durch ein Gebiet gegraben, dicht bewachsen mit Buchen und Birken. Das Einzige ist, dass sich Wurzeln leicht schneiden oder sägen lassen. Das geht ruck, zuck. Die Natur hat das nicht vorgesehen, dass einer mit der Säge in die Erde kriecht. Aber dieses Wurzelgeflecht. Es macht jeden Ansatz, es aufzulösen, zunichte. Ganz anders als der Baum über der Erde. Ein Stamm, und rundum gehen die Zweige ab.

Erst einmal bilden die Wurzeln Kreuze. Wenn zwei Wurzeln übereinander liegen, wachsen sie zusammen. Nach meiner Erfahrung muss das in der Natur ein ganz allgemeines Prinzip sein, was sich nahe kommt, sich berührt, wächst zusammen.

Ich habe das am eigenen Körper erfahren. Bei einem Sturz ist mein Schlüsselbein gebrochen, an der rechten Schulter. Die beiden Enden schoben sich durch meine Bewegungen am Tage und in der Nacht übereinander und berührten sich nun auf einer Länge von mindestens sieben Zentimetern. Auf dieser gesamten Strecke sind die beiden Knochen dann einfach zusammengewachsen, bombenfest und am Ende beschwerdelos.

Wenn du es nicht glaubst, lässt du dir vom Verlag meine Telefonnummer geben und rufst mich an. Wir treffen uns, und du kannst das mit meinem Schlüsselbein selbst ertasten.

Und so ist das mit den Wurzeln auch. Also erst einmal Kreuze, in jedem Winkel, in jeder Orientierung. Und dann schießen andere Wurzeln aus allen Richtungen, in alle Richtungen durch die Erde, abermals zusammenwachsend, wo immer sie sich nahe kommen. Da kannst du nicht eine Wurzel nehmen und sie der Länge lang aus der Erde ziehen. Da hängt das ganze Grundstück dran.

Das ist des Rätsels Lösung, des Rätsels vom Leben. Die Entstehung des Lebens auf der Erde kommt von diesem Zusammenkleben. Was sich zu nahe kommt, klebt zusammen. Was zu heiß ist, fließt auseinander. Aber wenn es abkühlt, dann klebt alles zusammen. Die Atome kleben zusammen. Die Moleküle kleben zusammen. Das Wasser klebt zusammen, die Heringe, der Lehm, die Affen, das Geld, die Schulden. Wo du hinsiehst, alles klebt zusammen. Nur die Schriftsteller kleben nicht zusammen und auch nicht die anderen Schlauberger oder die, die sich dafür halten. Geister bekämpfen sich. Wo ein Geist ist, kann nicht gleichzeitig noch einer sein. Da wird gekämpft, auf Leben und Tod. Dann klebt wieder alles zusammen.

Nun war ich also dabei, allen Widerständen zum Trotz mit Spaten und Säge mir einen Weg durch unser Grundstück zu bahnen, vorbei an diesen herrlichen Buchen und Birken und Kiefern. Zum Glück ist das Schlimmste nach einer Tiefe von einem halben Meter vorbei. Dann kommt bei uns Sand, wunderschöner weißer Sand, stellenweise richtiger körniger Kies. Der schaufelt sich fast von allein aus dem Boden. Mir gibt es jedes Mal einen Stich, wenn sich dabei dieser schöne weiße Sand mit der Erde vermischt. Aber da, wo ich nicht schaufelte, unter dem ganzen Grundstück, da unten liegt der reine, weiße Sand, unvermischt. Damit tröste ich mich, wenn ich mit dem Spaten zu Gange bin. Wenn man aber bei dem Sand nicht aufpasst, ist der ganze Graben schnell wieder zusammengerutscht und du fängst von vorne an. Also machst du einen breiten Böschungswinkel. Da rutscht dann nichts mehr zurück. Du hast aber von vornherein die zehnfache Mühe. Manch einer hat vielleicht noch nie einen Spaten in der Hand gehabt. Bei mir ist das anders. Da hat sich der Spatengriff schon meinen Händen angepasst. `Fodio - ergo sum.`

2. Von den vielen Gräben, die ich durch mein Grundstück gezogen habe, war das hier der wichtigste oder besser, hier war ich mit der größten Begeisterung dabei. Natürlich waren die Gräben für Wasser und Abwasser wichtiger. Aber jetzt ging es darum, dass ich endlich einen Traum verwirklichen konnte, den ich nun schon ein Vierteljahrhundert träumte. Der Traum, einen Hörer in die Hand zu nehmen, um dann mit jemandem, der ganz weit von mir weg ist, zu sprechen, als stünde er neben mir. Das sollte nun wahr werden. Nun endlich sollte es vorbei sein mit dem lästigen Weg zur Telefonzelle, wo entweder der Hörer abgeschnitten war oder ein Mensch mit einem endlosen Mitteilungsbedürfnis mir andeutete, dass es länger dauern könnte, was es denn auch tat.

Das habe ich als ein echtes Geschenk der deutschen Einheit empfunden, für mich das größte, dass auch ich telefonieren konnte. Vorbei war es mit der Klassengesellschaft, mit der Teilung der Menschen in die Klasse der Telefonbesitzer und die Klasse der Telefonzellenbenutzer.
Da ist mein Glücksgefühl, das mich bei der Erinnerung an diese Dinge auch heute immer wieder überwältigt, mit mir vorausgaloppiert. Noch war es nicht ganz so weit.
Das war nun wirklich anders. Man brauchte nur die Hand zu heben, und schon standen sie vor deiner Tür, und du hattest eine schriftliche Zusage. Um Kosten zu sparen, vereinbarten wir, dass ich den Graben selber schachte, wo die dann nur noch das Kabel für den Telefonanschluss hineinzulegen brauchten. Den Graben auf meinem Grundstück, den Durchbruch zum Gehweg und vor allem den Durchbruch in das Haus wollte ich selber machen. Der Beton der Grundmauern war so hart, dass ich darunter durchgehen musste.

3. Die Vorgeschichte, was die Belange hier angeht, ist schnell erzählt. Wie ich oben bereits erwähnt habe, stimmte das mit der klassenlosen Gesellschaft schon beim Telefonieren nicht. Und bei denen, die nicht artig waren oder die Verwandte hatten, die nicht artig waren, bei denen also irgendetwas mit dem Westen nicht in Ordnung war, sei es, dass es zu viele Verwandte im Westen gab, oder bei denen sich nähere Verwandte des ganz und vollständig garstigen Verhaltens eines nichtswürdigen Tunnelns in den

Westen schuldig gemacht hatten, auf die mussten die wachsamen Hüter der sozialistischen Ordnung ein besonderes Auge haben und schon mal die Schritte vorgeben, die jene Kandidaten zu tun oder zu lassen hatten, wie das beim Tanzen ja auch üblich ist. Das ist also vollkommen normal. Hier war es der Tanz um den Frieden. Darum ging es natürlich. Nur ist das eben nicht jedermanns Sache, wie denn auch nicht jeder tanzen geht. Dem aufmerksamen Leser entgeht nicht, dass hier schon wieder eine Klasseneinteilung der Gesellschaft vorgenommen werden musste, die Klasse der besonders Behüteten und die Klasse derer, bei denen das nicht notwendig war. Ich war der besonderen Fürsorge für nötig erachtet worden, ohne dass ich darum gebeten hätte. Unser schönes Einfamilienhaus war gerade fertig geworden, als die zu meiner Sicherheit angelegten Daumenschrauben noch eine Umdrehung bekamen und noch eine. Da tunnelte ich denn – nach fünfzehn Jahren vergeblicher Wartezeit auf ein Telefon – fünf Jahre vor der Einheit in den Westen und bin nach zehn Jahren zurückgekommen.
Ein verlorener Prozess nach dem andern um mein Häuschen, das ich schuldenfrei zurückgelassen hatte. Aber keiner wollte es wirklich haben, diese Ruine, die daraus geworden war, bis auf unsere Kinder. Je wüster, umso besser. Und da habe ich es denn endlich doch wieder bekommen, d. h., ich gehöre zu den wenigen Menschen, die ihr eigenes Haus kaufen durften. Und nun, und das ist das Wichtigste, hatte ich den Spaten

in der Hand, um meinen alten Traum zu Ende zu träumen, den Traum vom Telefon.
Ganz am Anfang hatten wir etliche Bäume gesetzt, die jetzt groß und prächtig auf dem Grundstück standen. Unter der Erde ist aber noch einmal dasselbe, das heißt, viel schlimmer. Da ist dieses Wurzelwerk, das ich oben schon beschrieben habe. Und wenn man graben will, muss man da durch. Als wenn sie das geahnt hätten, diese Wurzeln. Sie hatten sich kreuz und quer gestellt, um das zu verhindern, was ich hier tat oder, wenn das nicht ging, es eben schwer zu machen. Als wenn der Baum seine ganze Intelligenz da hinein gesteckt hatte, dass keiner durch die Wurzeln kommt. Wahrscheinlich waren die Kreuze, die sie bildeten, vorsorglich für meine Beerdigung gedacht, wenn mich bei meinem frevelhaften Treiben der Schlag trifft. Dann konnten sie mich gleich ordentlich begraben.
Das Graben durch einen verwurzelten Boden, vorbei an den Buchen und Birken, ist geradezu meine Leidenschaft geworden. Und jetzt war ich besonders gierig mit dem Spaten beschäftigt, weil wir nun Telefon bekamen. Das muss man erst einmal würdigen können. Wer kann das heute schon noch. Da klingeln sie dir ihre Handys um die Ohren und wissen überhaupt nicht, was das ist, ein Telefon. Ich wusste es.

4. Und dann machte ich diese Entdeckung. Etwas Langes, Dünnes, Graues kam da auf einmal zum Vorschein und lag mir im Weg. Ich war auf ein Kabel gestoßen, ein Telefonkabel.

In der einen Richtung führte es in den Keller von meinem Haus. In der anderen Richtung ging es aber nicht auf die Straße, wo alle Kabel unter dem Gehweg lagen. Es führte direkt in eines der benachbarten oder übernächsten Grundstücke. Unser Haus war sehr hellhörig. Was man im Wohnzimmer sagte, in ganz normaler Lautstärke, war im Keller deutlich zu verstehen. Diese Fertighäuser, für den Kenner erwähne ich den Typ L112 aus Mittweida, diese Holzhäuser aus Mittweida waren vermutlich zweckgerichtet für so eine Mithörversion konzipiert. Als Angehöriger der Klasse der besonders Behüteten wurde mein Antrag, dieses Haus erwerben zu dürfen, sofort genehmigt[1], was überhaupt nicht selbstverständlich war. Diese Intellektuellen, erst mit Arbeitergroschen studieren und dann die Errungenschaften abschöpfen, die sollen erst einmal richtig arbeiten lernen, bevor sie es sich hier bequem machen. Nichts dergleichen. Mein Antrag wurde umgehend befürwortet.

Und nun war ich auf dieses graue Kabel gestoßen. In einem der Nachbarhäuser haben sie also gesessen und gelauscht und protokolliert, ob sie mir, dem Angehörigen der besonders behüteten Klasse, eine zusätzliche Fürsorge angedeihen lassen müssen. Ich sagte aber meine bösen Worte, wenn es denn welche waren, nie innerhalb dieser Wände. Soviel Vorsicht musste schon sein, bei allem Vertrauen in die verfassungsmäßig garantierte Unverletzlichkeit der Privatsphäre.

[1]In der DDR bedurfte der Kauf eines Einfamilienhauses der Genehmigung durch das Wohnungsamt.

Da gingen sie also leer aus. Als ich dann tatsächlich eines Tages weg war, das muss ein harter Schlag gewesen sein. Aber sie haben sich erholt. Ich musste mir keine Sorgen machen.
Beim Graben war mir manchmal so, als würde hinter dem Fenster im Nachbarhaus jemand stehen, der mich argwöhnisch beobachtet. Das Kabel hatten sie damals in aller Eile vergessen, als die Einheit kam. Da hatten sie so viel zu tun. Und nun war es für mich ein Leichtes, herauszufinden, wo es hin führt. Die graue Kabelschnur wies den Weg. Da hatte ich also ein richtiges Stasinest an der Leine und brauchte es nur noch auszuheben. Dann standen sie am Pranger, unabweislich.
Da will ich mal nicht so sein. Bis zu meiner Grundstücksgrenze habe ich das Kabel freigelegt und dann abgeschnitten, vier Meter schönes, graues Telefonkabel, und über den Zaun gehängt. Wieder war mir so, als würde ich beobachtet.
Am nächsten Tag war das Kabel weg. Die Zitterpartie war zu Ende.
Die Telefongesellschaft kam und legte ihr Kabel in meinen Graben, ein neues, graues Telefonkabel, wie ich es ja nun kannte. Jetzt endlich erfüllte sich mein Traum vom eigenen Telefon, nach einem Vierteljahrhundert. Das ist Glück, und es stimmt mild.
Ich rief bei den fraglichen Nachbarn an, die mich hinter der Gardine durch die Fensterscheibe beim Graben beobachtet hatten, ob sie ein Stück graues Kabel gesehen hätten, das über meinem Zaun hing. Nein, sie hatten nichts gesehen.

Im Allgäu

1. Man muss sich das so vorstellen. Wenn man einen Bienenschwarm eine Zeit lang einsperrt und schließlich eine Tür öffnet, gleich siehst du sie in alle Richtungen davonsausen und emsig durch die Gegend schwirren. Diese Metapher wird meinen ostdeutschen Brüdern und Schwestern gefallen. Stehen die Bienen doch geradezu sprichwörtlich für Pflicht, Fleiß und Mut.
Es wird immer so dargestellt, als wenn die Öffnung der Berliner Mauer mit der spektakulären Bekanntmachung am 9. November 1989 durch Günter Schabowski vollkommen überraschend gekommen ist. Mag sein, dass es für die Teilnehmer der nachfolgenden Trabikarawane auch so war. Aber die Zehntausenden, ja Hunderttausenden von Flug-, Bahn-, Schiffs-, Welt-, Safari-, Entdeckungs- und was sonst noch alles für Reisen, die gleich darauf einsetzten, die waren bereits gebucht. Die haben das vorher gewusst. Anders kann ich mir das nicht erklären. Die haben dann nur Schabowski den Hinweis gegeben, er solle nun endlich, damit ihre Coupons nicht verfallen.
Mit der Bezeichnung Reiselust ist das, was da einsetzte, nicht wirklich getroffen. Es war ein einziger Reisewahn, eine Wut – wie Beethovens Wut über den verlorenen Groschen.
Und wie das bei einer Wut häufig passiert, sie wird immer größer, greift um sich und wird auf die nachfolgenden Generationen übertragen. Heutzutage ist es geradezu eine Pflichtübung

geworden, das Reisen. Wenn du dazugehören willst, musst du mindestens zehn Mal im Jahr verreisen, mindestens, möglichst weit weg, in eine Gegend, mit der du noch nie irgendwas zu tun gehabt hast. Und dann warst du da, ein paar Tage vielleicht oder auch nur auf der Durchreise. Das ist egal. Aber du warst da und gehörst dazu. Ich gehöre nicht dazu und werde deswegen auch nicht für voll genommen. Nur die Reiseveranstalter, die überschütten auch mich fast täglich mit einer Flut von Prospekten.

2. Vom Allgäu bin ich sehr angetan, erregte ich eines Tages bei meinen Freunden und Bekannten doch Aufsehen. Na siehst du, sagten sie alle. Du wirst schon noch auf den Geschmack kommen. Dabei stimmte das mit dem Allgäu in der Form, wie ich verstanden wurde, nicht im Geringsten. Im Garten hatte ich, um Kosten zu sparen, für den neuen Stromanschluss einen Graben ausgehoben und mir dabei eine empfindliche Zerrung am Knie eingehandelt. Der Doktor verordnete mir Franzbranntwein zur Einreibung. Und der war mit Allgäuer Latschenkiefer-extrakt angereichert. Überraschend schnell stellte sich eine heilende Wirkung ein. Ich schob das auf die Allgäuer Latschenkiefern. Das meinte ich hier mit dem Allgäu. Damit sind dann aber die Allgäuer Alpen gemeint, die viel weiter südlich liegen als das mit Allgäu bezeichnete Gebiet im Schwabenland. Aber so genau wollte das gar keiner wissen. Deutschland zählte sowieso nicht. Österreich auch nur mit Naserümpfen.

Da habe ich es meinen Mitbürgern auch nicht auf die Nase gebunden, dass ich wochenlang durch die Alpen gezogen bin, Gletschertouren, Besteigungen mit und ohne Führer, mit und ohne Seil.
Obwohl ich allergrößten Respekt vor der Architektur habe, ich muss nicht die neunundneunzigste Kirchenführung mitmachen und in den Schlössern die Schlafzimmer der gütigen Landesväter begaffen, wo sie davon geträumt haben, wann und wo sie wieder einmal ihre Untertanen verheizen können.
Die erhabenste Sehenswürdigkeit, die es überhaupt gibt, sind für mich die Berge wie sie sich dir in den Alpen erschließen. Den einzigartigen Claudio Abbado habe ich so etwas auch schon sagen hören. Da sind wir also schon zwei. Und ganz bestimmt ist das Heer der Gleichgesinnten unübersehbar.

3. Die deutsche Einheit war ein Fehler, jedenfalls zu dem Zeitpunkt. Das war ungefähr so, als wenn du Perlhühner aus einem Tiergehege in die freie Wildbahn entlässt. Die hat schnell der Fuchs geholt. Und jeder Tierpfleger weiß, dass man auch einen Wolf, der im Zoo aufgewachsen ist, erst lange daran gewöhnen muss, bis er sich im Freien durchbeißen kann.
Aber nein, es musste ja schnell gehen wie bei einem Verwandlungskünstler im Zirkus. Ein Zirkus ist es ja denn auch geworden, nur dass die an ihrer Erde klebenden Akteure hier keine Artisten waren. Als wenn es eine Schande wäre, an

seiner eigenen Erde zu haften. Da haftest du sowieso dran, ob du nun die Schuhe blank putzt oder nicht.
Es war aber kein Halten. Alles weg. Alles neu. Bis sie alle an der Angel waren und zappelten, wie Fische, die man gefangen hat.
Ich bin indessen durch die Alpen gewandert, vorbei an den Latschenkiefern, wobei mir so war, als wenn sie sich freundlich zunickten, die Latschenkiefern und meine Knie. Später sind dann einige meiner neuen Landesbrüder und -schwestern auch darauf gekommen, dass nichts darüber geht, über die Alpen, krisensicher und stabil. Auf die kann man sich verlassen.

Ein Nussbaum

1. Kinder sehen die Welt, auf die sie kommen, als ihr Eigentum an, alles. Der Mensch wird als Egoist geboren und bleibt es. Mit zunehmendem Alter versuchen wir zwar, das zu vertuschen, weil es ja eben keine tragbare Lebenshaltung ist, wo wir so viele Menschen sind. Aber nicht jeder macht sich diese Mühe und bleibt ein unverwechselbarer Egoist.

Allem, was wir tun, liegt dieser Eigennutz zugrunde, an dem wir uns bei kleinen Kindern so erfreuen, ihrem unverfälschten Egoismus. Sie dürfen das, weil sie es ja noch nicht besser wissen können. Wie gut die das haben, komme ich ins Schwärmen. Eine einzige Ausnahme will ich gelten lassen, Mutter und Kind. Da bleibt das eigene Ich mit dem Kind verschmolzen. Aber sonst ist jeder Altruismus eben nur Schwindel. Eine glückliche Kindheit ist die, bei der sich dieser Egoismus möglichst lange ausleben kann. Mit der Schule ist das Beste sowieso vorbei. Da müssten wir Reglementierung lernen, nicht Wissen anhäufen. Das ist Nebensache. Deswegen sind auch die ganzen Schulreformen, bei denen herausgefunden werden soll, wie man am besten jedem Schüler möglichst noch mehr Informationen aus dem Lexikon eintrichtern kann, so völlig daneben und kontraproduktiv. Was er an Wissen wirklich braucht, hat bisher noch jeder gelernt. Wie man aber die eigenen Begehrlichkeiten zügeln kann, damit sieht es schon viel schlechter aus, besonders, wenn man das nicht

frühzeitig gelernt hat. Dazu wäre die Schule da, wozu sonst.
Ob auch die Kindereinrichtungen etwas Sinnvolles zur Vorbereitung auf das kommende Leben beitragen können, da habe ich meine Zweifel. Die Krippen schon gar nicht. Das ist moderner Unfug. Ein Potential mag bei den Kindergärten vorhanden sein. Das will ich gar nicht prinzipiell abstreiten. Aber da kann auch so viel verbaut werden, für immer. Das Problem besteht einfach darin, dass Kinder eben wegen ihres elementaren Egoismus vollkommen gefühllos sein können, was im Umgang mit Gleichaltrigen sehr brutal entarten kann, bevor das überhaupt jemand bemerkt.

2. Ich bin ohne Krippe und ohne Kindergarten aufgewachsen, im Haus meiner Großeltern. Das war zum Ausgang des Krieges und danach. Das Grundstück hatte eine außergewöhnliche Attraktion. Der Nussbaum. Die meisten Menschen werden nie im Leben einen derart gewaltigen Nussbaum zu Gesicht bekommen. Es brauchte mindestens sechs Männer, damit sie sich um seinen Stamm die Hände reichen konnten. Und seine riesigen Äste gingen über das halbe Grundstück. Entsprechend reich war die Ernte. Die Nüsse prasselten nur so runter, wenn die Zeit ran war. Sie waren ein Kapital, das sich von selbst erneuert, wie man es höchstens aus dem Märchen kennt, bei Wilhelm Hauff z. B.
Das Geheimnis für sein enormes Wachstum bestand einfach darin, dass der Nussbaum seine

Wurzeln in eine alte, stillgelegte Abwassergrube getrieben hatte. Ich habe immer wieder darüber gestaunt, was die Natur doch für ein Künstler ist. Daraus also machte er diese herrlichen, so wunderbar schmeckenden Wallnüsse.
Diese Nüsse kann man nur mit einem Gral vergleichen, ohne dass die vielen Bewohner des Hauses bereit waren, das auch so zu sehen. Die Oberhoheit über die Nüsse hatte meine Großmutter. Kaum hatte der Baum die ersten Früchte hergegeben, wanderten die auf große Roste zur Trocknung und Lagerung in das Schlafzimmer der Großeltern. Es war aber ganz und gar unmöglich, die Nussernte vollständig unter Kontrolle zu halten.
Ein Großereignis war die erste Nusstorte. Mein älterer Bruder und ich, wir wurden dann zum Nüsse knacken im Wohnzimmer an einen großen runden Tisch gesetzt, eine beliebte Aufgabe, weil dabei immer etwas abzuzweigen war. Kaum hatten wir aber den ersten tiefen Teller fast voll, stürmte der Onkel ins Zimmer, nahm sich ein paar Hände voll und trieb uns zur Eile an. Das mussten wir auch. Andernfalls würde der leere Teller uns angelastet.
Er brauche die Nüsse für seine anspruchsvolle Gehirntätigkeit, weihte uns der Onkel in seine Arbeit ein. Musiker war er und klimperte den ganzen Tag auf dem Klavier herum. Er schreibe Lieder, erklärte er uns. Einmal habe ich im Schaufenster einer Musikhandlung tatsächlich eine Ausgabe seiner Frühlings- und Liebeslieder gesehen. Da war ich denn doch sehr

beeindruckt und gestand ihm das Recht zu, sich an den Nüssen zu bedienen. Er hätte sie sich ja auch selber knacken können, hatte aber eben Höheres im Sinn. Er konnte sich eigentlich alles erlauben, zumindest bei meiner Großmutter.
Großgrundbesitzer Luckes, die als Vertriebene hier zur Miete wohnten, wären natürlich nie auf die Idee gekommen, die Nüsse anzutasten. Wenn sie die Mieten zahlten, bekamen sie gelegentlich eine Hand voll Nüsse zugesteckt, unter großen Dankbarkeitsbezeigungen.
Die eigentliche Familie hatte diese Ehrfurcht vor den Nüssen nicht, der Onkel nicht, wir Kinder nicht, und meine Mutter, die als Schwiegertochter und Witwe mit uns beiden Kindern hier untergekommen war, nahm das mit den Nüssen auch nicht so ernst. Aber sie musste aufpassen. Sie war in dieser Familie nicht geliebt. Sie sammelte sich im Garten die Strümpfe voll Nüsse, um sie dann in ihrer Wohnung zu verstecken. Doch der Onkel, der feinsinnige Musiker, hatte etwas gesehen, verschaffte sich gewaltsam Zutritt zu unserer Wohnung, brach den Schrank auf und nahm die Nüsse mit. Ein wundervoller Schrank war das, ein Erbstück ihres Vaters mit einem Apfelbaumfurnier. Das wurde den Nüssen geopfert. Dabei war das Haus der Hort der Rechtsprechung. Der Großvater als Richter wachte streng darüber, dass eine gerechte Strafe verhängt wurde, wenn sich jemand unbefugt vom Stand eine Birne mitgenommen hatte.
Nein, meine Mutter war in der Familie meines Vaters nur geduldet, geduldet, weil das eben

nicht anders ging. Von Anfang an war sie da nicht gern gesehen, als mein Vater, der Stolz der Familie, mit seiner jungen Frau ankam, die sie alle in den Schatten stellte, charmant, sehr gut aussehend, die den Umgang beherrschte, nicht auf den Mund gefallen und sich doch zurücknehmen konnte, nicht gleich auf die Knie fiel, wenn einer die Tonleitern beherrschte oder die Bibel. So etwas gab es in dieser Familie nicht, wo vieles so krumm war und mit dem geheiligten Geist zugedeckt wurde.

Das Erstaunliche war aber, dass sie ihre unbeugsame Haltung behalten hatte, als die Schicksalsschläge auf sie niederprasselten. Der Mann im Krieg gefallen, Wohnung bombardiert, Notaufnahme bei den Schwiegereltern, die sich zu einem Martyrium entwickelte. Sie ist kompromisslos und lässt sich nicht kleinkriegen. Streit und immer wieder Streit. Ein halbes Brot, das sie zur Versöhnung erhält, wirft sie im hohen Bogen die Treppe runter. Ein halbes Brot, das war damals wie ein Klumpen Gold. Und nun war sie auch noch aus der Kirche ausgetreten. Die Schwiegereltern drohen, ihr die Kinder wegzunehmen. Briefe von Freunden aus Bochum, die ihr das alte Zuhause in Bochum wieder möglich machen wollten, eine eigene Basis aufzubauen, werden abgefangen. Aber sie macht sich doch selbständig, wird Lehrerin und baut ihr eigenes, unabhängiges Leben auf, findet neue Freunde.

Und sie steigt auf in die Schulleitung. Es war schon merkwürdig, wie gestandene Pädagogen, baumstarke Männer, verzweifelt bei ihr anklopften,

die Klasse spiele verrückt. Dann ging sie hin, ließ die Schüler stramm stehen, und es war Ruhe. Selbst die größten Rabauken wagten es nicht, einen Mucks von sich zu geben. Wie das funktionierte, habe ich nie begriffen. Aber so war es. Eine kleine, zierliche Person.
Bei allem bricht sie nicht mit den Schwiegereltern. Nein, sie fördert die Einbeziehung von uns Kindern in diese Familie, die alles tut, den Verlust des Vaters zu mildern, alles. Sie bieten uns viel, der eine mit der Musik und seiner Dynamik, der andere mit seiner Belesenheit, der Großvater mit der Justiz und die Großmutter, die alles heranschaffte, was es in diesen Zeiten nicht gab. Beeindruckende Charaktere. Dass sie selbst dort nicht wohl gelitten ist, kümmert meine Mutter wenig. Klugheit und Tüchtigkeit, gepaart mit einer begehrenswerten Erscheinung, das war zu viel. Bei aller Reserviertheit meiner Mutter gegenüber hat es denn auch keiner gewagt, jemals irgendetwas Negatives über sie zu sagen, jedenfalls nicht, wenn wir dabei waren. So kamen wir Kinder in keinen Zwiespalt und hatten den Nussbaum. An jedes Stück seiner Borke, soweit wir hinlangen konnten, erinnere ich mich. Nirgends waren defekte Stellen. Uralt und kerngesund. Hin und wieder verlor er einen Ast. Da sah ich dann besorgt nach oben. Es waren aber keine Lücken zu erkennen. Über einen alten Schuppen direkt neben dem Baum konnte man hochklettern. Das durften wir natürlich nicht, ließen uns den Spaß aber nicht nehmen. Oben, auf einem Ast sitzend, gehörten wir zu ihm.

Uns ging es relativ gut in diesen Nachkriegsjahren, und wir blieben von Krankheiten verschont, vielleicht wegen der Nüsse. Aber die Großmutter sollte ein künstliches Gebiss bekommen und sah nun erst einmal schrecklich aus, ganz ohne Zähne. Ein bisschen wollte ich die Ungerechtigkeiten auf dieser Welt ausgleichen. Zu zehn Uhr hatte ich meine Freunde bestellt, damit sie sich ein paar Nüsse abholen sollten.

Es klingelte. Ich ging zur Tür, hatte aber bemerkt, dass meine Großmutter im Haus war. Die Heiligkeit der Nüsse, über die sie wachte, war mir nicht verborgen geblieben. Tatsächlich stand sie hinter der Tür und lauschte. Mit der überlieferten Bemerkung: „Kommt um zwölf wieder. Da ist meine Oma tot. Die Zähne sind schon raus", schickte ich meine Freunde noch mal weg, womit ich in späteren Familientreffen oft zitiert wurde.

Tags darauf habe ich im Ranzen ein paar Nüsse in die Schule geschmuggelt. Meine Großmutter hat noch fünfunddreißig Jahre gelebt.

Tod in Tegel

Der General war sichtlich zufrieden. Mit Eberhard hatte er sich getroffen, seinem alten Schulfreund, von dem er seit über vierzig Jahren nur aus der Ferne wusste. Auf der Glienicker Brücke hatten sie sich verabredet, der berühmten Glienicker Brücke. Die ganze Königsstraße waren sie runter gelaufen und anschließend im Wannsee baden gegangen, ziemlich ungestört, da die eigentliche Saison schon vorbei war. Ausgelassen waren sie wie halbwüchsige Jungen, einen ganzen Tag lang. Entspannt, erleichtert, versöhnt mit dem allgegenwärtigen Dreck der Vergangenheit. Erfüllt mit neuem Lebensmut, hatten sie sich dann wieder getrennt. Unglaubliche Kräfte beseelten die beiden alten Gesellen. So war das. Und so blieb das, als sie den Weg nach Hause eingeschlagen hatten.

Der General war aufgeräumt wie noch nie. Für ihn hatte ein neues Leben begonnen, verbunden mit dem alten. Er saß an der Bar der Flughafenlounge und hatte sich einen Whisky bestellt, Chivas Regal, seine Lieblingsmarke. Er würde seinen Flieger einfach sausen lassen. Er konnte hier jetzt nicht weg, nicht jetzt. Der Whisky hatte sein Wohlbefinden noch einmal gesteigert. Der General bestellte noch einen Scotch.

Aber plötzlich verspürte er empfindliche Stiche in der Herzgegend. Er rang nach Luft und sank in sich zusammen. Das Whiskyglas war ihm aus der Hand geglitten, ohne dass es irgendjemand bemerkt hatte.

Auch Eberhard hatte gut gelaunt seinen Rückweg angetreten. Aber nun fingen seine Gedanken an, sich zu verfinstern. Vierzig Jahre lang hatte er beweisen können, dass es unmöglich war, an den General heranzukommen. Und jetzt. Andere Zeiten? Was soll das denn heißen. Er hatte hier nichts zu sagen, gar nichts. Seine Pflicht hatte er zu tun und nichts weiter. Wofür bekommt er denn sein Geld, immer noch. Sein Handy klingelte. Er ging nicht ran. Die Firma. Sie würden ihn einfach liquidieren. Also kehrte er um, präparierte seine Pfeilspitzen, damit er sie dann lautlos in Bewegung setzte konnte.
Diese Pfeile, das war was. Nachweisen konnte man da gar nichts. Das Goldene Band hatte er erhalten, mit Ehrenspange und drei Balken. Für einen Olympiasieg gab es nur zwei Balken. Ein wenig Stolz erfüllte ihn schon. Er war schon jemand, er, Eberhard Grasemacher, Sohn eines Klempners.
Eberhard winkte ein Taxi heran. Doch dann durchbohrte ein dumpfer, heftiger Schmerz seine Brust. Wenig später sackte er leblos zu Boden.
Der General beugte sich über ihn. Durch seine Weste aus echtem Krokodilleder hatten die Pfeilspitzen nicht viel ausrichten können.
Vorhin, da hatte er nur seine Herztabletten vergessen.
Ach Eberhard, sagte er, das war keine gute Idee, ging und erreichte noch seinen Flieger.

Unser Haus

1. Die Fassade war aus Naturstein, reichlich mit Erkern und Vorsprüngen geschmückt, so dass man mit etwas Geschick und Courage von außen in das Fenster der ersten Etage klettern konnte. Das war die Mutprobe, die jeder von uns mehrmals bestehen musste, auch wenn es hinterher wegen der Gefahr, der wir uns dabei aussetzten, jedes Mal ein riesiges Theater gab.
Das Tor, der Hof, die mit Weinstöcken umrankte Hochterrasse vor dem Eingang zum Garten, der etwas tiefer lag und mit hohen Mauern eingefasst war, das Gartenhaus, innen und außen reich mit Holz verkleidet, mit einem im Sommer offenen Vorbau, mit einer Wendeltreppe in die zweite Etage, wo kleine Zimmer alle Wünsche erfüllten, wo man einen Kachelofen befeuern konnte, lesen, arbeiten, schwitzen, allein sein oder auch nicht und tausend Dinge mehr. -
Unser Haus, an dem die Zeit nagte, an dem nun bei den erbärmlichen Verhältnissen, die für alle Ewigkeit hier regieren würden, der Verfall begonnen hatte, unaufhaltsam, eigentlich ein Eldorado und von dem wir aber alle, die eigentlich darin fest verwurzelt waren, wegstrebten. Als ob das ginge. An den Steinen klebte unser Schweiß und auch der eine oder andere Blutstropfen. Und doch gingen wir, nicht wissend, dass wir unsichtbare Schlingen an den Füßen hatten, an denen dieses Haus hing und aus denen kein Entkommen war. –

2. Ich war lange in der Stadt umhergestreift

und hatte immer wieder einen weiten Bogen um das Haus gemacht. Die Tischzeit in meinem Hotel rückte näher. Endlich ging ich dann doch vorbei.

Ein Bäckermeister, kurz und dick, war jetzt der Besitzer. Unter Ausnutzung der Verhältnisse hatte sein alter Herr damals das ganze Anwesen für eine Pappnase erworben. Und dieser Hefeknecht hier machte nun sein Geld damit. Sogar der Gewölbekeller war als Wohnung vermietet. An der Fassade hatte er nichts ändern können. Alles andere war ruiniert.

Zum Glück ging mein Urlaub zu Ende, den ich dummerweise mit einem Besuch der alten Stätten meiner Kindheit hatte beenden wollen, und auch der Tag nahm seinen Abschied. –

Ich hatte doch Kontakte zu einem ehemaligen Oberst der Nationalen Volksarmee. Da ging ich hin und wurde freundlich empfangen. Natürlich komme er an Waffen heran. Auch ein Geschütz könne er auftreiben. Von meinen Rücklagen heuerte ich eine kleine, schlagkräftige Truppe an, abgehalfterte Armeeangehörige, die nun bei Sicherheitsdiensten nicht so recht wussten, was sie machen sollten oder Fahrkarten kontrollierten. Der Oberst machte mir den Plan.

Es war Nacht. Von mehreren Seiten näherten wir uns dem Haus und bezogen Position. Die Kanone wurde in Stellung gebracht und auf die Seitenfront gerichtet, damit der schönen Fassade nichts passierte.

Ich hatte das Kommando, gab das Zeichen zum Sturmangriff und - Feuer!
Von der gewaltigen Detonation wachte ich auf.

–

Durch ein Fußgetrappel über mir war ein altes Bild heruntergefallen, auf eine schöne, große Bodenvase, die krachend zersprungen war. Was blieb, war ein Scherbenhaufen.

Der Acker

1. Natürlich verstehe ich nichts von der Landwirtschaft. Aber einige Anknüpfungspunkte aus frühen Jahren habe ich doch.
Eine sengende Hitze brannte das gelbe Kornfeld in mein Gehirn. Die Ernte ging zügig voran, bis ein schier unendlicher Stoppelacker übrig blieb. Bald kam ich in die zweite Klasse. Aber noch waren große Ferien, und ich durfte mit raus. In den Furchen war einiges liegen geblieben. Ähre für Ähre sammelten wir in den Sack, den wir hinter uns herzogen. Der wurde zu Hause geleert und ausgedroschen, wie in alten Zeiten. D. h., wir hieben mit Ruten und Stöcken so lange auf die Ähren ein, bis die meisten Körner herausgefallen waren. Weizen war es. Unseren Ertrag brachten wir zum Bäcker. Und dafür erhielten wir richtige weiße Brötchen. Eine Sensation.
Später erhielt unsere Familie ein eigenes Stück Land am Ufer der Saale, vielleicht fünfzehn mal dreißig Meter. Ein langer Weg war es dahin. Dort bauten wir ein paar Kartoffeln an, Tomaten und Bohnen. Es war eine unspektakuläre Angelegenheit. Merkwürdig, dass nie etwas gestohlen wurde. Es war vermutlich zu erbärmlich. Viel warf es wahrhaftig nicht ab und weckte in mir auch nicht den Wunsch, wenn ich einmal groß sein würde, professionell in die Landwirtschaft einzusteigen. Für das Keimen, Blühen und Gedeihen der Pflanzen, die wahren Wunder der Natur, hatte ich damals noch kein Auge.
Viel später, in den letzten Jahren der Oberschulzeit und als ich dann studierte, hatte ich

nochmals mit der Landwirtschaft zu tun, etliche Male, in den Herbstferien der Wintersemester, die extra für unsere Ernteeinsätze eingerichtet wurden. Das war SED-Politik, damit die angehenden Intellektuellen, die auf Arbeitergroschen studieren, auch mal lernen, wie man richtig arbeitet. Einige hatten Glück und kamen ins Heu. Ich wurde ausnahmslos in all den Jahren immer für die Kartoffelernte eingeteilt. Und da hieß es dann, auf Knien die Furchen entlangrutschen, im Akkord die Kartoffeln in die Kiepen sammeln, damit zum Wagen rennen, auskippen, Zählmarke entgegennehmen und weiter. Gegen den Alten Fritz, der sich um die Einführung der Kartoffel so verdient gemacht hat, habe ich so manche Verwünschung ausgestoßen. Und die Bauern haben dann immer noch behauptet, sie würden mit uns Verlust machen. Meine Knie fangen heute noch an zu schmerzen, wenn ich Kartoffeln esse.
Trotz alledem, nichts nimmt mich mehr gefangen als die sanft in der Landschaft liegenden, schön bestellten, im Vorbeifahren still dahinfließenden, langgestreckten Felder.

2. Dies alles sind nur Gedanken, die mir bei dem Stichwort Acker automatisch durch den Kopf jagen. Hanns Acker war Studienrat geworden, Deutsch und Geschichte. Er hatte die Überprüfung seiner SED-Vergangenheit makellos bestanden. Nur seine Pflicht hatte er getan. Der Soldat würde sagen, die Befehle der Vorgesetzten ausgeführt.

„Das Wertvollste, was der Mensch besitzt, ist das Knie...“, parodierten wir den Anfang der Passage aus N. Ostrowskis sozialistischem Paraderoman „Wie der Stahl gehärtet wurde“, die wir alle bis zum Erbrechen auswendig lernen mussten, hatten hier also nur ‚Leben‘ durch ‚Knie‘ ersetzt – und spielten damit auf unsere Qualen bei den Ernteeinsätzen an. Das war Majestätsbeleidigung. Acker hatte daraufhin durchgesetzt, dass jeder von uns erst ein Jahr in die Produktion muss, bevor er sein Studium beginnen kann. Wir erwiderten das, indem er zu Beginn seiner Stunden nun mit Sprüchen an der Tafel empfangen wurde wie, auf den Acker mit Gebrüll, Acker war sein letztes Wort, dann trugen ihn die Krümel fort, wacker auf den Acker, usw.
Das könnt ihr haben, war seine Antwort, und er setzte durch, dass die verordnete Zeit in der Produktion noch einmal um ein Jahr verlängert wurde.
Wir meldeten uns freiwillig für ein Jahr Wehrdienst in der NVA und schlugen damit zwei Fliegen mit einer Klappe. Zum einen wäre das sowieso auf uns zugekommen. Es kam gut an, vorbildlich, so ganz ohne lange Überzeugungsarbeit. Und Hanns Acker lief mit seiner Reglementierung für uns ins Leere. Wir waren Vorzeigeschüler geworden, die er nicht schikanieren durfte.

3. Aber seine Frau mochten wir. Wenn die nicht gewesen wäre, hätten wir ihn ganz anders zugerichtet. Sie ließ durchblicken, dass wir es nicht zu arg treiben sollten. Ein bisschen wäre schon ganz recht. Sehr eng waren sie wohl nicht mehr miteinander. Aber nicht zu viel, da sie das sonst ausbaden müsste. Und das wollten wir nicht. Mathematik hatten wir bei ihr und vertretungsweise auch mal Erdkunde, aber das war nur selten. Sie hatte nicht Acker heißen wollen und daher ihren Namen behalten, Frau Eva Silbermann. Sie machte die Mathematikstunden zu einem einzigen Vergnügen. Dabei sah sie es nicht ganz ungern, wenn wir in sie vernarrt waren. Ich hätte am liebsten nur Evchen zu ihr gesagt. Als mir das mal so rausgerutscht war, hatte sie es sanft, aber bestimmt korrigiert. Wie so eine wunderbare Frau auf den Hanns Acker reingefallen war, wollte mir nicht in den Schädel. Hanns Acker war ein alter Bauer und Eva Silbermann eine junge, attraktive Frau.

Wie dem auch sei. Mit ihr war die Schule erträglich. Und die meisten von uns brachten sie so zu Ende, dass dem anschließenden Studium nichts im Wege stand, d. h. nach diesem Wehrdienst. Einen Tag nach der Zeugnisausgabe ging ich noch mal zu ihr hin, um mich für ihren lebendigen Unterricht aufrichtig zu bedanken. Sie gab mir ihre Hand, die ich lange festhielt. Sie ließ es geschehen. Zehn Jahre älter war sie. Dann lächelte sie, und ich musste wohl gehen. Lassen Sie sich mal sehen, wenn Sie Ihren ersten Urlaub bekommen. Ich schlug die Hacken zusammen und nahm die Rechte an eine imaginäre Mütze. Gut, dass sie jetzt meinen Puls nicht messen konnte. Ich ging, ohne mich noch mal umzusehen.

4. Beim Barras. Damit ist eigentlich alles gesagt, zu allen Zeiten, an allen Orten derselbe Geist, gnadenloses Obrigkeitsdenken. Mag sein, dass es in der Brutalität deutliche Unterschiede gibt. Wer aber nicht blind gehorchen kann, um den steht es da schlecht.

Ich hatte den Fehler gemacht, den Unteroffizier wörtlich zu wiederholen mit der Betonung auf den Feinheiten seiner Sprache, was mir immer viele Lacher einbrachte, aber nicht bei ihm. So war mein erster Urlaub gestrichen, dem ich so entgegengefiebert hatte.

Wer ist denn Eva, fragten mich meine Zimmerkameraden eines Morgens spöttisch. Ich musste wohl nachts phantasiert haben. Ich war im Paradies, erwiderte ich. Da hatte sie mir diesen Apfel gereicht, den ich nun von meinem Nachttisch nahm. Die können wir hier nicht gebrauchen, sagte ich und verspeiste ihn. Damit hatte ich sie wieder alle auf meiner Seite.

Und dann kam das Schießen. Das war meine große Chance. Ich gehörte zu einem eher mittelmäßigen Zug und meldete mich für die unsicherste Waffe, wo sie alle patzten, Pistole freihändig, eine 9 mm Armeepistole. Unser Zug lag auf Rang drei. Da war noch was drin. Die Pistolen kamen zum Schluss, um noch einmal alles durcheinander zu würfeln. Mein erster Schuss traf ins Schwarze. Allgemeines Raunen. Ich dachte an Eva, platzierte den zweiten genauso gut, ebenso den dritten und vierten, der fünfte wich etwas ab. Als aber auch der letzte Schuss das schwarze Feld angerissen hatte, brach ein großer

Jubel los. Wir hatten sie alle abgehängt und wurden Kompaniesieger. Der Kompaniechef persönlich legte mir die Schützenschnur um. Ich bekam drei Tage Sonderurlaub und sollte gleich einen Jeep nehmen, damit ich wegen der Störungen bei der Eisenbahn pünktlich zurück sein konnte. Vollgetankt war er. Ich schlug die Hacken zusammen und grüßte vorschriftsgemäß. Nach Zivilerlaubnis wagte ich nicht zu fragen. Sie können zu Hause auch in Zivil gehen, sagte er dann doch noch. Nach zehn Minuten war ich weg.

5. An Frau Eva Silbermann, gab ich einen Brief in die Schulpost. Die Nationalen Streitkräfte, führte ich darin aus, werden die nächsten drei Tage ohne mich auskommen, und nun werde ich es mir erst einmal morgen ab fünfzehn Uhr im Café Feurich gut gehen lassen. Da habe ich Sie früher gelegentlich gesehen und mir gewünscht, mit Ihnen zusammen einen Kaffee zu trinken. Dieser Wunsch ist geblieben. Ihr Thomas Teltow. Was für ein Zufall, begrüßte sie mich. Ich dachte, Sie sind bei den Streitkräften, Thomas, und sichern unsere Grenzen, bemerkte sie schelmisch. Wir müssen vor allem erst einmal da anfangen, wo wir vor einem halben Jahr aufgehört haben, nahm ich ihre Hand. Dann führte ich sie an einen gemütlichen Tisch in einer Nische, den ich hatte reservieren lassen. Thomas, Thomas, sagte sie, Du bist ja ganz verwegen geworden. Mindestens zwei Stunden saßen wir da und schwatzten. Dann hast Du jetzt also einen Jeep, fragte sie ungläubig.

Ich muss mal hier raus. Ich auch, gab sie nun zu. Wir verabredeten uns. Den nächsten Morgen acht Uhr stieg sie in meinen Jeep, etwas außerhalb der Stadt. Das letzte Stück hatte sie ein Fahrrad genommen. Ein aufsteigender, strahlender Sommertag lag in der Luft. Sie nahm mich lange in ihre Arme und küsste mich. Nun bist Du doch Evchen, sagte ich, und wir wiederholten die Zeremonie. So, Du Bösewicht, sagte sie, nun führe uns mal ganz weit weg.
Der Jeep sprang über Stock und Stein. Wir fuhren weit in das Land, bis wir nur noch von Kornfeldern eingerahmt waren. Weizen und Roggen war das. Hier machten wir Halt und ließen uns von der Natur verführen. Da musste man gar nichts mehr beitragen. Die Natur hatte uns. Thomas, sagte Eva nur, der Hanns, der ist impotent. Wir beide müssen aber mitdenken. Ich möchte in diese Gesellschaft kein Kind setzen, so sehr ich mir von Dir ein Kind wünschen würde.
In einem einsamen Gasthof nahmen wir ein Zimmer, um auch noch den nächsten Tag zu genießen. Zum Abend fuhren wir nach Hause und mussten uns verabschieden. So schön war es noch nie in meinem Leben, sagte sie zum Abschied. Pass gut auf Dich auf, Thomas.

6. Pünktlich war ich wieder in der Kaserne und lieferte das Auto ab. In der Folgezeit wurde ich noch mehrmals zu Schießwettbewerben nominiert. Es stellte sich heraus, dass ich mit den anderen Waffen genauso gute Ergebnisse erzielte. Natürlich konnte ich nicht jedes Mal Sonderurlaub bekommen. Das war eine einmalige Sache. Aber zum Ende meiner Dienstzeit rief mich der Kompaniechef zu sich. Ich sollte einen Wunsch äußern. Wenn Sie einen ausgedienten Jeep für mich übrig haben, machen Sie mich glücklich. Das passte in sein soldatisches Denken, und ich erhielt, was ich wollte. Der war aber nicht ausgedient, sondern bestens in Schuss.

Evchen war ganz außer sich vor Freude, als ich damit ankam. Zahllose Ausflüge erfüllten unser Leben. Mir gab es Kraft für mein Studium. Die dummen politischen Verhältnisse prallten an uns ab. Wir hatten uns damit abgefunden. Andere nicht.

Und dann 1989 der Umsturz. Ehe wir richtig die Augen aufgemacht hatten, war das System weggeblasen, und nicht viel später kam die Einheit. Wir hatten nichts dazu beigetragen, weil es uns zu gut gegangen war.

Aber Evchen geriet nun doch außer Rand und Band. Thomas, hast Du voll getankt. Sieh mal in den Himmel. Viele Vorbereitungen brauchten wir nicht und fuhren einfach los. So ausgelassen hatte ich sie noch nie gesehen. Sie sang die ganze Fahrt. Und dann schlenderten wir wieder durch die gelben Rapsfelder.

Auf einmal hielt sie inne und nahm meine Hände. Thomas, heute ist der Tag der Deutschen Einheit. Heute machen wir uns ein Kind. Wir machen uns heute ein Kind. Wir machen uns heute ein Kind, tanzte sie mit mir wie im Rausch durch das Korn und zog mich schließlich zu Boden.

Hanns Acker wurde Oberstudienrat.

Katharina B.

1. Das Dach ist der Schirm des Hauses, klopfte der Meister seine Sprüche und verschraubte die Wellbleche, d. h., er ließ sie verschrauben. Über meine familiären Beziehungen zum Außenhandel hatte ich zwei Packungen sog. Tiefziehbleche erhalten. Was das heißen sollte, habe ich nie herausbekommen, aber eben irgend etwas Besonderes. Natürlich kam der Meister selbst nur am Anfang und zum Schluss, um seine Rechnung zu stellen, in bar, alles Schwarzarbeit. Mein ganzes Haus besteht fast ausschließlich aus Schwarzarbeit, Eigenleistung nannte man das, damals und heute auch. Mein Vorteil war nur scheinbar und kehrte sich in der Folgezeit schnell ins Gegenteil um. Die Hanseln, die der Dachdecker geschickt hatte, haben die Bleche tatsächlich in der Talsohle verschraubt. Da rutschten sie oben nicht ab. Normalerweise gehört so etwas wegen Sabotage eingesperrt. Aus dem Dach war nach wenigen Monaten eine Berieselungsanlage geworden, und ich konnte von vorne anfangen. Keine Rechnung, keine Garantie.

Nach einem weiteren Fehlversuch kam ein dritter. Dann habe ich die Seiten gewechselt, wie ich das mal in diesem einen Satz lakonisch zusammenfassen will. Viel später, nach der Wende, als ich wieder im Kande war, bekam das Haus ein komplett neues Dach mit allem Drum und Dran, einfach über das alte gebaut, was denn tatsächlich bis heute jedes Wetter bestanden hat. Das Haus ist nun nicht mehr ganz so niedrig.

2. Ausgedehnte Spaziergänge durch den Teutoburger Wald dienten mir dazu, nach diesem Seitenwechsel ein neues Heimatgefühl zu begründen. Heute ging ich wieder einmal bis hoch zur Schwedenschanze. Manches Reh sah ich durch den Wald jagen und die Fährten von Wildschweinen, nach deren Begegnung ich mich weniger sehnte. Menschen habe ich da oben eigentlich nie getroffen. Die wenigen, die unterwegs waren, brachten es nur bis zum Waldgasthaus und kehrten dann um. Wo es nichts zu essen gibt, dahin gehen nur ein paar Verrückte.

Heute war es noch einsamer als sonst. Ich beschleunigte meinen Schritt. Als ich mich meinem Ziel näherte, war mir so, als wenn ich jemanden gesehen hätte, ganz deutlich eine Frauengestalt. Aber oben, wo die kleine Befestigung steht, war niemand. Der Weg geht da eigentlich nicht weiter, und mir war auch niemand begegnet. Ich suchte alles ab, konnte aber niemanden entdecken. Dabei hätte ich ganz gerne ein paar Worte gesprochen. Da ich sehr verschwitzt war, machte ich nur eine kurze Pause und kehrte um. Die Gestalt ging mir nicht aus dem Kopf.

Gleich am nächsten Morgen brach ich auf. Und wieder sah ich von weitem diese Frauengestalt. Oben war sie weg. Entweder du hast Halluzinationen, Thomas Teltow, oder du musst sie finden. Also gab ich dieses Mal nicht so schnell auf.

Etwas abseits, fast vollständig hinter einem Strauch versteckt, kauerte sie auf der Erde. Sie hatte mich nicht bemerkt und schlief offenbar. Ich blieb lange neben ihr sitzen, ohne dass sie sich rührte. Ein ganz junges Ding. Ich mochte sie auf höchstens fünfzehn schätzen. So allein hier im Wald.

Ich beschloss, so lange zu warten, bis sie wach wird, um mich dann ganz behutsam bemerkbar zu machen. Es dauerte zwei Stunden. Dann machte sie die Augen auf. Geh, sagte sie nur, du bist nicht der Papa und wandte sich ab.

Sie war halb verhungert. Sonst wäre sie vermutlich weggelaufen. Ich nahm meine Flasche Wasser, die ich immer bei mir hatte, und gab etwas auf ihre Lippen. Das nahm sie an, schlief aber bald wieder ein. Ich musste noch einmal über eine Stunde warten, bis sie wieder wach wurde. Geh, sagte sie nur. Nun beugte ich mich doch über sie und versuchte, etwas auf sie einzuwirken. Nimm hier ein wenig von dem klaren Bergwasser. Das würde dein Papa auch wollen, ganz bestimmt. Sie trank. Im Schlaf kommt doch dein Papa zu dir. Hat er dir nicht gesagt, dass du leben sollst und essen und trinken musst. Du musst es für ihn machen. Sie nickte. Ich gab ihr etwas von meiner Bergmannskost, Früchteschnitten. Nun sollte ich aber wieder gehen. Sie wollte allein sein. Nur wenn du mir versprichst, zwei von den Fruchtschnitten zu essen und das Wasser zu trinken, war meine Bedingung und dass ich morgen wiederkommen durfte. Sie nickte. Ich nahm sie ganz vorsichtig in den Arm. Sie ließ es geschehen. Ich ging und kam nun täglich.

3. Sie hat kein Dach über dem Kopf, hämmerte es ständig in meinen Schläfen. Der kleine Bau da oben war fest verriegelt. Zum Glück spielte das Wetter mit. Eine ganze Woche hat es gedauert, bis ich wusste, wer sie ist. Katharina Böhme hieß sie. Ihr Vater Gerhard Böhme war kein unbeschriebenes Blatt.
Nur wenn ich hier oben bin, sagte sie nun zu mir, erscheint er mir im Traum und spricht mit mir. Im Schlaf reden wir miteinander. Aber das ist nur hier oben. Je weniger ich esse und trinke, umso tiefer und länger befällt mich der Schlaf, der mein eigentliches Leben geworden ist.
Böhme war einer der Aktivisten des 17. Juni, wurde gefasst, hat in Hohenschönhausen eine Scheinerschießung durchleben müssen, wurde anschließend dort inhaftiert und erst nach der Mauer freigelassen, mit Berlinverbot. Trotzdem schaffte er es nach Westberlin, um sich von dort mit British Airways in die Bundesrepublik abzusetzen. Damit war er gem. § 213 (2) (3) 5. StGB der DDR ein Verbrecher, nach dem gefahndet wurde.
Böhme verliebt sich in eine britische Stewardess, die von ihm ein Kind bekommt, Katharina. Die Mutter kam bald nach der Geburt bei dem Absturz eines Übungsfluges ums Leben, so dass sich Gerhard Böhme von Anfang an allein um seine Tochter kümmerte. Man kann sich keinen besseren Vater vorstellen, was Katharina durch eine grenzenlose Liebe zu ihm erwiderte. Aber Böhme verdiente sich auf äußerst gefährliche Weise sein Geld. Nur eine Sache gab es, mit der er seine

Peiniger in Hohenschönhausen und deren Auftraggeber ins Mark treffen konnte, Fluchthilfe. Dutzende von Leuten schleuste er über die Grenze, obwohl es immer riskanter wurde. Bis er eines Tages gefasst wurde. Niemand weiß wirklich, was passiert ist. Obwohl er immer auf den Listen des Gefangenenaustausches stand, der Osten verleugnete ihn. Zu vermuten ist, dass er sich seiner Festnahme durch Flucht entziehen wollte, dabei wissentlich ein hohes Risiko einging und erschossen wurde, da er unter keinen Umständen in deren Hände geraten wollte. Katharina wurde gesagt, dass ihr Vater bei einem Verkehrsunfall ums Leben gekommen sei. Böhmes Lebensgeschichte war damals durch die Zeitungen gegangen. Es fand sich aber niemand, der sich des Kindes annehmen wollte. Katharina war gerade zehn Jahre geworden und kam in ein Heim. Unzählige Male ist sie ausgebrochen und wieder aufgegriffen worden, bis sie seit einem halben Jahr als verschollen galt und nun hier oben an der Schwedenschanze lebte, wenn man das noch leben nennen konnte.

4. So verbrachte ich nun erst einmal mit ihr zusammen auf der Schwedenschanze meine Tage. D. h., sie blieb ununterbrochen dort, während ich häufig weg musste, um das Nötige zu besorgen. Nach vier Wochen war sie bereit, ihr Leben anzunehmen und mit mir zu planen, wie es weiter gehen sollte. Katharina erwies sich als ausgesprochen intelligent, und wir machten zur Abwechslung auch ein bisschen Schule.

Katharina wurde richtig lebhaft. Ich hatte das unbestimmte Gefühl, dass sie irgend etwas vorhatte. Sie wurde immer zutraulicher zu mir, beinahe liebevoll. Und wenn nicht dieser gewaltige Altersunterschied gewesen wäre und dann dieses mir auferlegte, unumstößliche Gebot der Unantastbarkeit dieses sanften Geschöpfes, dann hätte ich mich in sie verliebt, unsterblich in sie verliebt. Aber ich durfte nicht. Unter den Umständen, wie wir hier zusammengekommen waren, war das für mich ein striktes und unwiderrufliches Tabu. Und ich glaube, dass sie das auch wusste. Wir entwickelten ein Verhältnis wie Vater und Tochter, obwohl sie natürlich nie irgendjemanden an die Stelle ihres Papas gelassen hätte. Eines Tages sagte sie zu mir, das können wir doch auch. Was können wir auch. Nun, was der Papa gemacht hat. Ich muss was tun. Oder willst du zusehen, wie die da drüben eingemauert sind. Ich bekam einen riesigen Schreck, da ich wusste, wenn sie das erst einmal gesagt hat, war kein Halten mehr. Und ich hatte keine andere Wahl, als mitzumachen.

4. Als Erstes musste ich für sie eine neue Identität besorgen. Sie hieß nun Katharina Kunkel und war meine Nichte. Wir nahmen eine Wohnung. Ihr Alter hatten wir auf neunzehn gesetzt, so dass sie nicht mehr in die Schule musste. Wir machten aber zu Hause Unterricht mit beiderseitigem großen Vergnügen. Sie überraschte mich in doppelter Hinsicht, was sie alles nicht wusste und wie schnell sie es lernte.

Und dann ging es an die Vorbereitungen. Ihre Idee waren Scheinheiraten. Sie besorgte sich eine Identität nach der andern, und ich machte es ihr nach. Auf diese Weise haben wir tatsächlich ein paar Dutzend Männer und Frauen über die Grenze geheiratet. Die Maskerade war jedes Mal perfekt.

Nach jeder Heirat kam eines unserer Lieblingsspiele, verschollen spielen, damit unsere Ehepartner möglichst bald wieder ungebunden waren. Also erlagen wir in Nepal der Höhenkrankheit, kamen aus Indien nicht zurück, erlitten auf einer Sahara-Expedition den Hitzeschlag, ertranken bei dem Versuch, den Ärmelkanal zu durchschwimmen, stürzten mit dem Segelflugzeug ab, verunglückten mit einem Heißluftballon, gerieten im Eismeer unter eine Scholle, ein Autounfall, eine Messerstecherei...Wir ließen uns einiges einfallen. Mit der Rückendeckung des Bundesministeriums für innerdeutsche Beziehungen wurden wir schnell für tot erklärt, und unsere Ehepartner waren wieder frei. Jeden dieser Totenscheine begossen wir mit einer Flasche Rotwein. Wir hinterließen eine Spur von Witwen und Witwern und lachten uns dazu halbtot.

Zum Fall der Berliner Mauer wurde sie einundzwanzig. Das müssen wir feiern, Thomas. Sie hatte einiges vorbereitet und war ganz aufgeregt, als wenn sie große Angst hätte.

Willst Du mich heiraten, Thomas, fragte sie mich auf einmal und zeigte sich mir in ihrer ganzen Hilflosigkeit und Zerbrechlichkeit. Ich begrub sie in meinen Armen. Natürlich wollte ich. Was

meinst Du, wozu wir das die ganze Zeit geübt haben. Und nun beherrschen wir es wenigstens und müssen uns nicht einmal mehr für tot erklären lassen.
Jetzt stehst Du unter meinem Schutz, Thomas, sagte sie.
Mit ihrem neuen Ausweis war sie zufrieden, Katharina Teltow, geb. Böhme.
Später erzählte sie mir, was sie für Ängste vor einer Zurückweisung gehabt hatte. In diesem Fall hätte sie nicht weiterleben wollen.

Caro

1. Meine Schuhgröße neununddreißig bekam ich eigentlich nur in der Frauenabteilung, und bei einem Meter siebzig, großzügig gemessen, war ich auch vom Körperbau her eher als schmächtig bis schwächlich anzusehen. Wenn aber einer von mir nur meine Hände gesehen hätte, nichts weiter, der würde meinen, ich wäre ein Riese. Dabei habe ich nie etwas dafür getan. Im Gegenteil. Brav auf dem Klavierhocker habe ich gesessen, jahrelang, und mich vergeblich bemüht, mit den Tasten zurechtzukommen. Eins habe ich mir dabei geschworen. Wenn das wirklich so sein sollte, dass wir wiedergeboren werden, und wenn man dann einen Wunsch äußern kann, dann will ich Pianist werden. Das wäre mein Traum. Ich kann es zwar nicht glauben, und es widerspricht eigentlich ganz und gar meinem Verständnis von dieser Welt. Sicherheitshalber will ich es hier anmelden. Nicht auszudenken, wenn es dann hieße, das tut uns ja nun wirklich sehr leid, aber die Bewerbungsfrist ist abgelaufen. In der dritten Reihe der Tastenkünstler würde mir reichen. Diejenigen, die da noch Unterschiede hören, kannst du an den Fingern abzählen. Theater, viel Theater wird da aufgeführt.
Bald nach der Wende habe ich es erfahren, warum mich der Allmächtige mit solch gewaltigen Pranken ausgestattet hat. Er mochte mich. Das habe ich eigentlich immer gewusst. Aber das mit den Händen konnte ich mir bis dahin nicht erklären. Nun weiß ich es.

Ich trage eigentlich immer Handschuhe, damit durch die großen Handrückenflächen nicht so viel Wärme abfließen kann. Ohne Handschuhe war ich sofort erkältet, auch im Sommer. Also trug ich Handschuhe, wo andere schon mit kurzen Hosen herumgelaufen sind. Ich habe auch schon mit kurzen Hosen Handschuhe getragen.
Mit meiner Frau streifte ich in Rostock durch die Stadt und hatte wie immer meine Handschuhe an, schwarze Lederhandschuhe. Das musste aber nun nicht gleich jedem auffallen. Also hatte ich meine Hände in den Taschen. Zusätzliche Wärme gab das auch noch.
Von Weitem war uns eine Gruppe von Jugendlichen aufgefallen, die sich hier offenbar für die Herren hielten. Da standen sie rum mit ihren karierten Holzfällerjacken und hatten noch nie eine Axt in der Hand gehabt. Die suchten Streit, da sie sonst nichts mit sich anzufangen wussten. Um dem aus dem Wege zu gehen, wechselten wir die Straßenseite. So wie die uns einschätzten, schickten sie einen Abgeordneten, der uns offenbar aufmischen sollte. Als er näher kam, nahm ich automatisch meine Hände aus den Taschen, und er sah meine mit den schwarzen Handschuhen noch gewaltiger aussehenden geballten Fäuste. Der bekam einen solchen Schreck, dass er kehrt machte. Er drehte tatsächlich ab. Damit hatte er nicht gerechnet. Vermutlich hat er mich für einen Boxer gehalten und schon mal eins auf die Nase bekommen. Die sah in der Tat ziemlich platt aus. Jetzt verstand ich, warum mir der Allmächtige diese Hände gegeben hat. Er hat

diesen Tag und diese Stunde vorhergesehen und wollte nicht, dass wir von so einer Horde zusammengeballter niedriger Instinkte angefallen werden, weil er uns eben mochte.
Und noch eins. Wenn so eine Truppe von bulligen Männern zusammen war, die sich nach meinem Dafürhalten zu sehr in die Brust warfen, dann forderte sie zum Fingerhakeln heraus. Mein rechter Mittelfinger war konkurrenzlos, und ich habe noch jeden über den Tisch gezogen. Aber nur im Fingerhakeln. Auf Armdrücken etwa, wo man den Ellenbogen auf den Tisch setzt und mit der Hand den anderen runterdrücken muss, darauf habe ich mich nie eingelassen.
Alkohol war für mich von jeher ein Gräuel. Ich bin eine Indianernatur und vertrage das Zeug nicht. Und wieder hat mich der Allmächtige davor bewahrt, dass ich mich in den Sog dieser Trinkergesellschaften hineinziehen lassen musste. Wie die alle umständlich ihren Kehlkopf hoch und runter schieben, wenn sie trinken. Ich musste das nicht. Bei mir lief das einfach durch und fertig. Dann habe ich die größten Schreihälse provoziert, ob sie denn überhaupt schon alleine trinken könnten oder immer noch gestillt werden. Wir setzten also jeder ein Glas an. Und während ich schon lange ausgetrunken hatte, schluckten die immer noch. Unsere Hühner machen das auch so, bemerkte ich beiläufig, warf ihnen eine Handvoll Körner vor die Füße und war aus dem Schneider.
Damit habe ich mir also die Meute vom Halse

gehalten, schnell trinken, eine furchteinflößende Faust ballen und Fingerhakeln.
Vielleicht hat mich der Allmächtige ja auch nur zu Demonstrationszwecken benutzt. Seht her, so ist das. Erst seid ihr in der DDR vom großen Bruder über den Tisch gezogen worden und nun von den Brüdern und Schwestern über die Reste der eingebrochenen Mauer.
Aber nein, da hätte er sich mehr Mühe geben müssen. So schnell klingelt es bei denen nicht. Da klingelt überhaupt nichts mehr. Das müsste er ja eigentlich selber viel besser wissen. Nicht nur so manche Wespe ist aus dem Honigtopf nicht mehr herausgekommen. Dabei fing alles so gut an. Wir haben nur das Falsche daraus gemacht.

2. Das Wichtigste ist, du hast ein Stück Land. Weil wir eben Bauern sind. Wir sind von Natur aus Bauern. Wenn man den Blick über seine Mitmenschen schweifen lässt, dann sieht das heute mehr nach Jägern und Sammlern aus. Das war aber etwas vollkommen anderes. Bauern sind wir. Da kannst du dich quälen und für deinen Schweiß ernten. Du kannst natürlich auch ein paar mörderische Touren durch das Gebirge machen, wenn du das nötige Kleingeld hast. Und wenn nicht, dann brauchst du eben ein Stück Land.
Die Erde der Magdeburger Börde ist erst so recht zufrieden, wenn die Zuckerrüben auf ihr wachsen. Denen geht es da gut, auch in schlechten Zeiten. Nach dem Verziehen, wo die kleinen,

mickrigen Pflanzen herausgezogen werden, dauert es nicht lange, und eine dicke Zuckerrübe steht neben der anderen, fest und schwer. Bei der Ernte auf den kleineren Feldern, die von Hand gemacht werden müssen, war ich gerne dabei. Man quält sich. Die Glieder schmerzen, die Knie, der Rücken und was sonst noch alles, und zu verdienen war auch nicht viel. Abends sinkst du erschlagen ins Bett, aber richtig schwer wird es erst den nächsten Morgen, bis du wieder in Gang kommst. Woher nur die Kräfte immer wieder kommen, aus dem Nichts, will man meinen. Auf einmal bist du wieder fit, und es geht von vorne los. Kalte Erde, schmerzende Glieder und endlose Reihen von Zuckerrüben. Viele Frauen, auch ganz, ganz junge, arbeiteten mit uns auf dem Acker. Carola hieß die eine, die ich immer nur Caro nannte. Sie arbeitete neben mir. Immer wieder arbeitete sie neben mir. Ich mochte sie sehr und sie mich auch. Aber warum ist man mit zwölf noch so dumm, so unendlich dumm. Ich wüsste zu gerne, was aus ihr geworden ist. Fünf Jahre älter war sie bestimmt. Ich fand das gerade gut. Kaum war sie neben mir aufgetaucht, war ich wie neu geboren. Nur sie war es, die mir immer wieder neue Kräfte verlieh. Daher kamen die Kräfte. Jetzt wusste ich es. Carola klagte nie. Je nach der Richtung, in der man sich die Zuckerrübenfelder ansah, konnte man schöne Karos ausmachen, langgestreckte, große, kleine. In den Pausen war das meine Lieblingsbeschäftigung, und Caro machte mit. Da waren wir ganz ausgelassen und sprudelten aufeinander ein, wie sich

die Karos kreuzten und mischten, nebeneinander und übereinander. Warum haben wir uns bloß aus den Augen verloren, warum nur. Weil man eben dumm ist, so unendlich dumm.
Caro war die reinste Liebe, die in meinem Leben über mich gekommen ist.
Man konnte für seine Arbeit auch ganz auf Geld verzichten. Dann stellte einem der Bauer irgendwann eine Kiepe Zuckerrüben hin, die man irgendwie nach Hause schaffen musste, im Dunkeln, da das natürlich illegal war. Jede Zuckerrübe unterlag dem Staatsmonopol. Aber so ein Staat ist immer schwerfällig und dumm und korrupt und leicht an der Nase herumzuführen.

Gewaschen und geschnitzelt kamen die Rüben bei uns in einen riesigen Kessel, der in einen Herd eingelassen war und befeuert werden konnte. Und dann wurden die Rüben gekocht, stundenlang, bis man den wunderbaren süßen Rübensaft abschöpfen konnte. Auf dem Frühstückstisch stand immer ein Glas Rübensaft, der meistens nur ungern und nur aus Pflicht angerührt wurde. Bei mir war das anders. Ich nahm einen Löffel voll und ließ den Rübensaft in feinen Karos auf mein Brot laufen. Darin entwickelte ich geradezu eine echte Kunstfertigkeit. Früh aß ich nur Rübensaft, den mir keiner streitig machte.

–

Wenn ich heute im Supermarkt bin, nehme ich mir gelegentlich einen Pappbecher Rübensaft mit. Dann gibt es bemalte Rübensaftbrote. Manchmal gelingen mir auch die Karos.

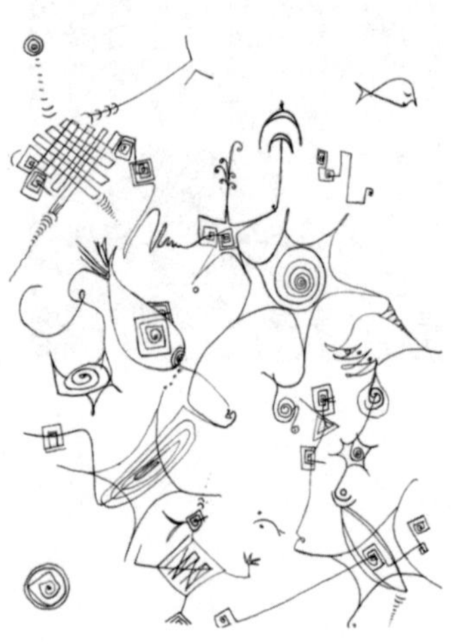

Die Kündigung

1. Seit ich vor über vierzig Jahren das Ende der akademischen Leiter erreicht hatte, habe ich immer gerne Vorlesungen gehalten. Fünfzehn Jahre lang war das sogar mein alleiniger Lebensunterhalt.

So einfach war das in Ostberlin nicht und wurde für einen nicht mit dem System Verbrieften von Parteitag zu Parteitag schwerer. Denn, so war die Richtschnur, das Wichtigste ist die Vermittlung der sozialistischen Grundwerte. Das Fachliche kann jeder. Das allerdings war das Einzige, worum ich mich bemühte. Und ich hatte mir schon während des Studiums die gelbe Karte eingebrockt. Ich war aus der Partei ausgetreten, „ein crimen laesae facultatis, das nicht streng genug bestraft werden kann“[2]. Für eine sozialistische Erziehung war ich also denkbar ungeeignet und wunderte mich, überhaupt lehren zu dürfen. Jahrzehnte später habe ich die Zusammenhänge verstanden. Ich hatte einen Fürsprecher, nicht irgendeinen, eine unantastbare Instanz, ich nenne ihn hier einmal Prof. Gräbe, ein kleiner, drahtiger Mann, Mitglied des Zentralkomitees der SED, und es gab Gerüchte, dass er auch Angehöriger des KGB sein sollte. Dummes Gerede. Wie ausgerechnet ich seine Fürsprache erlangte, ich landete einen Glückstreffer. Um mein Studium der Physik abzuschließen, musste ich nur noch in die Prüfung der Experimentalphysik. Als Theoretiker war ich - und das war auch mein Ruf - ein Spinner, hatte

[2] Zitiert aus: J.-B. Molière, „Der eingebildete Kranke“.

keinen Schimmer von Experimentalphysik und steuerte nun geradewegs in die Katastrophe.
Ich meldete mich bei Gräbe an, der unangefochtenen Kapazität auf diesem Gebiet. Der Grund für dieses Vabanquespiel, es gab eine geheime Liste von Fragen, die Gräbe manchmal den abgehobenen Theoretikern stellte. Darauf setzte ich. Das war ungefähr so, als wenn einer sein gesamtes Vermögen im Roulette auf die Null setzt. Und genau da machte die Kugel halt, d. h., Gräbe arbeitete exakt seine geheime Liste ab. Hier waren nun meine Vorbereitungen so gut, dass er mich laufend bremsen musste. Sehr gut, Herr Teltow, sehr gut, sagte er immer nur und nickte vor sich hin. Wo werden Sie anfangen, fragte er mich am Ende. Im Gegensatz zu meinen Kommilitonen, die sich alle schon lange ihre Stellen gesichert hatten, steuerte ich vollkommen blauäugig dem Ende meiner Studienzeit entgegen. Gehen Sie zu Herrn Riedel und sagen Sie, dass ich Sie schicke. Er entließ mich als die geheime Hoffnung der Wissenschaft. Ich wusste zwar nicht, wer Herr Riedel ist, fand das heraus und ging hin. Der gab mir mit Gräbes Empfehlung eine Aspirantur. Damit hatte ich nun eine Stelle, bei der ich mich ungestört um meine Promotion kümmern konnte, trotz meiner gelben Karte.
Später, bei der Verteidigung meiner Habilitation tauchte Gräbe wieder auf. Und ganz sicher war er es, der genickt hat, als es darum ging, dass ich Vorlesungen halten durfte, eigentlich die Domäne der Ideologen, für die ich das enfant terrible war. Ich habe ihn bestimmt nicht enttäuscht.

2. Doch dann musste mir Gräbe doch und zwar gleich die rote Karte zeigen, als ich mich nämlich auf meine Wurzeln in Bochum besann und auf einmal weg war, einfach das sozialistische Vaterland verlassen hatte. Da verstand auch Gräbe keinen Spaß und so manch anderer auch nicht. Also die rote Karte. Aber was sollte das. Weg war ich sowieso. Nun, es könnte ja mal sein, dass ich nämlich die Transitwege nach Westberlin benutzen und versehentlich in eine Ausfahrt einbiegen und dann auf dem Territorium der Deutschen Demokratischen Republik landen würde. Dann hätten sie mich sofort aufgegriffen und wieder meinem sozialistischen Vaterland zugeführt, kostenlose Umerziehung einbegriffen. An jeder Ausfahrt der Transitstrecke lauerte wahrscheinlich so ein Friedenskommando. Darum ging es, um den Frieden, natürlich. Aber ich war wachsam, wie wir es gelernt hatten und fuhr schnurgerade die Transitstrecke. Bei jeder Kurve wurde ich misstrauisch.
Da drüben, wo ich nun war, konnte ich mich revanchieren. Ich schickte nämlich Gräbe und seinen Freunden, die mich trotz meiner gelben Karte so lange geduldet hatten, ihnen schickte ich keine gelbe Karte und auch keine rote, obwohl sie die vielleicht nun haben wollten. Aber so weit dachte ich damals nicht. Nur mit den Ideologen rechnete ich ab und schrieb böse Briefe. Als Verbrecher ließen sie mich dafür suchen. Aber warum denn suchen. Ich war doch hier und hielt Vorlesungen. Da hätten sie doch kommen und zuhören können.

Und dann kam die Wende, und ich schaute mal wieder ins Land. Ein Geburtstag wurde gefeiert. Ich wurde nicht ausgeladen und ging hin. Gräbe, wie er da im Sessel saß, war immer noch dieselbe Instanz. Ich hatte das Gefühl, irgendwas Verbindendes sagen zu müssen. Ich ging an seinen Tisch und zitierte „Für die Gesellschaft kämpft nur, wer gegen sie kämpft“, hat uns einmal Georg Büchner mit auf den Weg gegeben. Ich merkte, wie ein Lächeln über Gräbes Gesicht ging. Ich hatte ihn nicht enttäuscht. Er nickte mir zu. Keine gelbe Karte. Ich war sehr zufrieden.

–

Und dann sollte ich wieder Vorlesungen halten, an derselben Fakultät, wie damals zum ersten Mal vor nunmehr zweiundvierzig Jahren. Ein tiefgehendes Gefühl einer Entspannung breitete sich in mir aus. Ich freute mich auf die Studenten.
Alle Universitätsabschlüsse musste ich vorlegen, seitenlange Fragebögen ausfüllen, bis dann schließlich der Lehrauftrag kam. Ein Extrabogen lag dabei, mit dem ich auf jedes Honorar verzichten sollte. Ich sah in meinen alten Unterlagen nach. Auf die Idee war damals niemand gekommen. Mit einer halben DIN A5 Seite war der ganze Lehrauftrag abgehandelt, einschließlich der Vergütung. Schuhgröße und Bauchumfang musste ich nicht angeben.
Was nichts kostet, ist nichts wert, ging es mir durch den Kopf. Ich kündigte – dieser ganzen Gesellschaft. Leute wie Gräbe gab es nicht mehr.

Alexandra Hartmann

1. Die Entdeckung des Feuers, in der Lage zu sein, ein Feuerchen zu machen, gilt als der Schlüssel für die Herauslösung des Menschen aus der übrigen Fauna. Und seit dieser Zeit wird Dreck in die Atmosphäre geschickt, werden Waldbrände angefacht, so dass wir eigentlich gar keine Vulkane mehr brauchen. Aber die Vulkane wissen das nicht. Gebraten schmeckt besser und bekommt besser, und dann die Wärme am Feuer. Unangenehm ist nur, wenn der Qualm direkt ins Gesicht zieht. In der nachchristlichen Zeit hat man die Schornsteine erfunden. Qualm und Ruß steigen mit der warmen Luft nach oben, und es rieselt erst dem Nachbarn auf den Kopf. So ein Schornstein steht exemplarisch und weithin sichtbar für das Grundmuster im sozialen Miteinander des Homo sapiens, mir den Braten, den Ruß für alle. Genauer, in diesem Punkt ist alles so geblieben wie es von Anfang an war. Jeder Hund macht es ebenso.

Aber nicht nur der Rauch vom Feuer lässt sich mit solchen Schornsteinen in die Luft blasen. Man kann sich mit einem Schornstein tödlicher Gase und Schmutzstoffe entledigen, aller pulverisierten giftigen Abfallprodukte der Industrie. Die Schornsteine wurden immer zahlreicher und immer höher und geradezu zum Wahrzeichen des Wohlstandes. Wo Schornsteine sind, ist Arbeit. Da fällt für jeden etwas ab. Dreck vor allem. Das muss man aber nicht gleich in den Vordergrund schieben.

Früher hatten alle Häuser einen Schornstein. Heute brauchen den nur noch die feineren Herrschaften für ihren Kamin.
Es gibt jetzt Leute, die jemals weder einen Kachelofen gesehen haben noch Briketts. Dabei kommt die beste Wärme von so einem Kachelofen. Natürlich macht es mehr Mühe. Kohlen kaufen, in den Keller bringen, stapeln. Holz zum Anmachen, darauf die Briketts, und erst, wenn alles durchgebrannt ist, den Ofen zuschrauben. Der Lohn. Man kann sich mit dem Rücken gegen den warmen Ofen stellen. Am nächsten Morgen Asche ausräumen, und es geht von vorne los. Ich habe auch schon eine richtige Zentralheizung vom Keller aus mit Steinkohle befeuert. Da muss man sich dann mit der Schlacke abquälen, mit ihren stechend riechenden, giftigen Gasen. Meine Dachkammer war mit einem Heizkörper an diese Zentralheizung angeschlossen. In den kalten Wintern blieb es bei mir eisig. Da habe ich mir kurzerhand einen Allesbrenner gekauft. Ein Rohr in den Ofen, durch die Wand, quer über den Flur und rein in den Schornstein. Bei ungünstigen Wetterlagen wurde der ganze Qualm in mein Zimmer gedrückt. Also Fenster auf, und die ganze Heizerei war umsonst. Zum Glück kam das nicht so oft vor. Wenn das der Zwerg wüsste, unser Bezirksschornsteinfegermeister, der würde auf der Stelle tot umfallen, erzähle ich also lieber nicht. Der muss doch ein ganzes Jahr lang mit seinen Aktenordnern und Messgeräten die Errichtung eines Schornsteins mit dem Anschluss jedes kleinen Öfchens begleiten.

Eins noch. Diese ganze Schwärmerei von der Urgesellschaft passt mir nicht in den Kram. Und das soziale Gerede dazu, wo dann erst einmal über die Sklaven und Leibeigenen lamentiert wird. Wem geht es denn wirklich so gut wie denen. Was man immer hat, verliert seinen Wert, unwiderruflich. Gibst du einem Leibeigenen eine Scheibe Brot, dann erfasst den eine Freude, von der du nur träumen kannst. Und wenn du noch so viel Glimmer aufschichtest mit deinen rauschenden Festen, das wirst du nie erreichen. Die hatten kein Geld. Ja wozu denn auch. Die hatten gar keine Zeit, Geld auszugeben. Die hatten zu tun. Geld braucht doch nur, wer nicht arbeitet. So ist das.

2. Die fünfziger Jahre. Ich war zu Besuch bei meinen Großeltern in ihrem großen Haus in Bernburg an der Saale. Das hatte ich für mich so gut wie allein.
Die Großmutter war nämlich angeblich bei ihrem Sohn in Leipzig. Dafür war alles aber viel zu geheimnisvoll. Später erfuhren wir, dass sie in Wirklichkeit nach Westberlin gefahren und von dort mit British Airways nach Hannover geflogen war. Dort traf sie ihren jüngsten Bruder, der in Amerika mit seinen Blechwaren im Krieg viel Geld gemacht hatte, nun die amerikanische Staatsbürgerschaft besaß und mit seiner Schwester Gebirgstouren durch die Alpen machte, ein alter Traum von beiden.
Der Großvater war zu Hause geblieben, da er seiner Arbeit als Staatsanwalt nachgehen musste.

Das hatte den Vorteil, dass eine Haushaltshilfe da war, die für die Mahlzeiten sorgte. Großvater ging tagsüber ins Gericht, kam mittags zu Tisch, um dann aber gleich wieder aufzubrechen und erst gegen Abend zurück zu sein. Er war von einer unendlichen Toleranz. Ich konnte eigentlich machen, was ich wollte.

Einen sehr engen Schulfreund hatte ich hier, Christian, der im Hause meiner Großeltern ein und aus ging und sich hier mit so mancher Hilfeleistung, die an diesem Haus ständig nötig wurde, sehr nützlich machte. Ich selbst taugte nur für die Zuarbeiten.

Manche Nachmittage spielten wir Karten in dem idyllischen Gartenhaus und hatten auch ein paar Mädchen dabei, junge Damen sollte man wohl sagen. Christian musste das arrangieren. Ich war schon lange weg aus Bernburg und lebte in Berlin. Probleme hatte ich mit den Berlinern nicht. Wir kamen gut zurecht. Wenn sich aber einer zu sehr aufspielte, war meine Methode nur Hohn und Spott. Da blieb ich nichts schuldig. Auf der Uni hat mir das den Namen Sarkasmus eingebracht. Nun, ganz so schlimm war es wohl nicht. Aber die Anhaltinerinnen, die hatten es mir von jeher angetan. Ob es ihre Sprache war mit ihrer Natürlichkeit, die sie vermittelte. Alles Spröde, was sich so häufig einem Kontakt in den Weg stellt, war sofort wie weggeblasen. Ich fühlte mich gleich zu Hause. Deswegen drängte es mich in den Ferien immer wieder hierher.

Letzter Schultag in Berlin. Abends saß ich schon im Zug. Den nächsten Morgen klingelte ich bei

Christian, und wir waren für die nächsten Wochen verabredet. So lief das in allen Ferien. Es sei denn, er ging in eine Fabrik, um sich etwas dazu zu verdienen. Wartet denn die schöne Alexandra noch auf mich, war meine zweite Frage. Er ließ mich erst ein bisschen zappeln, um mir aber dann zu erzählen, dass Karin bei ihm angefragt habe, ob ich denn in diesen Ferien wieder käme. Nun, er betrachte sich als ein Schüler von Sherlock Holmes und habe folgendes ermittelt. Um sich nicht zu verraten, habe Alexandra die Frage nach mir an Helga gestellt, die sie an Anita weitergeleitet hat, um dann schließlich Karin zu ihm zu schicken. Ich war sehr zufrieden.
Christian hatte in diesen Ferien große Pläne. Er wollte auch mit British Airways zum Klassenfeind – wie meine Großmutter – und dann mit dem Fahrrad von Jugendherberge zu Jugendherberge durch die Lande ziehen. Wenn er erst einmal drüben war, gab es Förderprogramme für die Brüder und Schwestern aus dem Osten. Jetzt musste er erst einmal hart arbeiten. Schichtarbeit in der Ziegelei brachte das meiste ein. Aber wir haben ja die Wochenenden, tröstete er mich. Ich zeigte mich verständnisvoll. Innerlich war ich ganz aufgewühlt. Vielleicht kam ja ein Stelldichein mit Alexandra zustande.

3. Ich streifte durch die Stadt und genoss die Erinnerungen. Wo ich sonst immer einen großen Bogen herum machte, vor einem Modehaus stand sie. Das Fräulein Hartmann braucht vielleicht eine neue Stola für einen Empfang im Kurhaus,

sprach ich sie von der Seite an. Thomas, sagte sie, als wenn sie mir am liebsten um den Hals gefallen wäre. Sie hatte sich wirklich so in die Auslagen vertieft, dass sie mich nicht in der Scheibe gesehen hat. Ich vertrete die Theorie, begann ich, dass der Mensch seinem ersten Impuls folgen und nicht jede Bewegung erst zehn Mal durch das Großhirn jagen sollte, um alles daran zu ersticken. Sie wusste, was ich meine. Darfst Du denn so alleine durch die Stadt gehen. Nein, nahm sie meinen Ton auf. Die Mama hat es streng verboten. Aber jetzt habe ich ja Dich. Oder musst Du gleich wieder weg. Nein, gestand ich, aber nicht durch diesen Laden hier. Da bin ich nur vorbeigegangen, weil hier immer die schönen Frauen stehen. Gib es zu. Du hast mich gesucht, bekam sie nun Oberwasser. Was hat denn die Mama noch alles verboten. Darf man Dich anfassen. Natürlich nicht. Höchstens im Kino, wo es keiner sieht. In den zurückliegenden Monaten hatte jeder von uns beiden nur an den anderen gedacht, ununterbrochen, das wussten wir nun. Ich muss Deine Hand haben. Meinetwegen auch im Kino. Kino ist gut, fügte ich noch hinzu.
Ich fragte ganz vornehm, ob ich sie zu einem Fünfuhrtee einladen dürfe. Ich durfte. Die Vorstellung begann um sechs. Wir saßen irgendwo in der Mitte. Wolfsblut wurde gegeben. Das war mir aber egal. Als der Hauptfilm begann, ermahnte ich sie. Wenn Du mir jetzt nicht sofort Deine Hand gibst, schreie ich ganz laut Betrug, alles Lug und Trug. Ich schreie alles zusammen, wiederholte ich meine Drohung. Ich warte

doch schon ungeduldig die ganze Zeit darauf, beruhigte sie mich. Ein sehr schöner Film war das. Ich brachte sie noch bis zur Haustür. Das muss ich nun alles der Mama sagen, verabschiedete sie sich von mir. Ich weiß nicht, ob ich dann noch einmal kommen darf. Du bist morgen Punkt zehn Uhr zum zweiten Frühstück bei mir, überhörte ich ihre Bemerkung. Sie machte einen Knicks und ging.

4. Unser Haus hatte nach hinten einen Hof, der mit einer Terrasse endete. Rechts und links davon führten sieben Treppenstufen in den etwas tiefer gelegenen Garten, auf den man also von der Terrasse aus eine wunderbare Sicht hatte. Da arrangierte ich unser angeordnetes zweites Frühstück. Ab halb zehn war der Tisch gedeckt mit Butter, Brötchen und Marmelade aus dem Garten. Dann saß ich am Fenster und wartete. Mich überwältigte ein unbeschreibliches Glücksgefühl, als ich sie schon von weitem kommen sah. Mehr Liebe geht nicht. Da muss es feine Schwingungen in der Luft geben, die das übertragen. So müsste alles bleiben. Ich werde beim nächsten Mal Pianist, ging es mir wieder durch den Kopf, unbedingt. Dann könnte ich ihr jetzt die „Mondscheinsonate“ vorspielen oder „Für Elise“.
Ich stand schon an der Tür. Mit ihrem Klingeln machte ich auf. Sie lachte und küsste mich. Weil Du so brav gewartet hast, erklärte sie. Die Sonne scheint so schön. Wir frühstücken draußen. Ich führte sie ums Haus auf die Gartenterrasse, wo der Tisch gedeckt war.

5. Auf der Butter lag eine dicke schwarze Rußschicht. Alexandra schreckte zurück und ich auch. Das sind die Solvay-Werke, sagten wir wie aus einem Mund. Nachts rauchen die Schlote. Thomas, das atmen wir hier jeden Tag ein. Sie kreuzte schützend ihre Arme vor der Brust. Die opfern uns hier. Wir können krepieren, damit denen ihr Scheißsozialismus nicht absäuft. Alexandra steigerte sich immer mehr. Dagegen müssen wir was tun. Wir zogen uns ins Haus zurück, frühstückten hastig und entwarfen einen Brief an die WHO, die Weltgesundheitsorganisation. Ich versprach, diesen Brief sofort in Westberlin einzustecken, sowie ich zurück bin. Unser so schön anvisiertes Zusammensein war dahin.

Wir beschlossen, so schnell wie möglich zu handeln. Tags darauf fuhr ich also nach Hause und steckte den Brief in einen Westberliner Briefkasten.

Doch dann überschlugen sich geradezu die schrecklichen Nachrichten. Alexandra hatte in der Schule eine schonungslose Anklage gegen dieses menschenverachtende System erhoben, beim Appell, vor der versammelten Schule, leidenschaftlich, kompromisslos. Sie bekam mit sofortiger Wirkung Hausverbot. Als letzte Chance zur sozialistischen Umerziehung sollte sie in die Produktion nach Bitterfeld. Das wäre vom Regen in die Traufe gewesen. Sie verweigerte, wiederholte in öffentlichen Reden ihre abgrundtiefe Verurteilung dieses Staates und soll in der Vollzugsanstalt Hohenschönhausen gelandet sein.

Meine verzweifelten Versuche, irgendein Lebenszeichen von ihr zu erhalten, blieben erfolglos.

Dann wurde den Eltern mitgeteilt, dass ihre Tochter wegen Spionage zu zehn Jahren verurteilt sei. Der Brief an die WHO war nie angekommen. Auf den Listen des Gefangenenaustausches suchten wir sie vergeblich. Nach acht Jahren bekamen ihre Eltern die Mitteilung, dass Alexandra Hartmann im Gefängnishospital an Brustkrebs gestorben sei. Sie wurden von der Überstellung der Asche an den Gemeindefriedhof unterrichtet.

Der Aufwiegler

Eine Bank war erleichtert worden.
Der Angeklagte legte zu seiner Rechtfertigung dar, er hätte sich nur genommen, was ihm sowieso zustünde. Denn, so setzte er nun akribisch auseinander, der heutige Reichtum entstehe doch nicht durch unsere heutige Arbeit, die daran, hoch gerechnet, vielleicht einen Anteil von zehn Prozent habe. Nein, unser gewaltiger Reichtum ist das Ergebnis der Arbeit der Generationen vor uns. Wir bekommen unser Geld einfach für das Nichtstun. Das will natürlich keiner wissen. Besonders die mit den großen Einnahmen wollen das nicht gelten lassen. Ein paar Gemälde nehmen sie mal eben so mit, von irgend so einem armen Schlucker, der sie für ein Butterbrot hergibt. Wir erben die Früchte der Arbeit unserer Vorfahren. Die haben unseren Wohlstand gemacht. So ist das.
Als Beispiel führte er nun die Tätigkeit eines Lehrers an, der vor dreihundert Jahren dasselbe geleistet habe wie ein Lehrer heute, welcher aber jetzt das Hundertfache von dessen Einkommen nach Hause trage. Nein, unser Reichtum ist nichts anderes als ein Erbe. Und, so argumentierte er folgerichtig weiter, ein jeder habe Anspruch auf den gleichen Anteil von diesem Erbe. Wir alle sind Nachfahren gleichen Ranges. Und für diesen Fall sieht das bürgerliche Gesetzbuch den gleichen Erbanteil vor.
Diejenigen also, die das Vielfache von seinen armseligen Bezügen nach Hause tragen, diejenigen

gehören hier auf die Anklagebank und nicht er. Er habe sich nur einen Bruchteil von dem genommen, was sein rechtmäßiges Eigentum ist. Er verlange die sofortige Auszahlung noch einmal desselben Betrages auf sein Konto und reichte seine Bankdaten rüber. Er lasse sich sein Erbteil nicht unwidersprochen wegnehmen.
Hiermit erkläre er das Gericht für befangen und stelle Strafantrag gegen all diese Überprivilegierten wegen ungerechtfertigter Bereicherung auf Kosten der Allgemeinheit und dazu noch wegen Vorteilsnahme im Amt.
Der Pflichtverteidiger zuckte zusammen. Nichts von dem sei abgesprochen, entschuldigte er sich beim Staatsanwalt.
Indessen Tumulte von allen Seiten. Die einen riefen auch nach ihrem Erbteil. Die anderen forderten Redeverbot. Das sei Widerstand gegen die Staatsgewalt. Aufwiegelung. Da stand was auf dem Spiel. Der Richter verfügte, die Zurechnungsfähigkeit des Angeklagten untersuchen zu lassen. Die Verhandlung wurde vertagt.
Auserlesene Gutachter, eilends von ihren Sommerresidenzen zurückgerufen, fanden, der Angeklagte sei wohl verrückt geworden.
Unter Ausschluss der Öffentlichkeit wurde der Prozess zu Ende gebracht. Der Staatsanwalt stellte fest, dass er als Vertreter des Staates sich in großer Sorge um die Gesundheit des Angeklagten befinde. Unter Berufung auf die Gutachten und aus Verantwortung um das Wohlergehen des Angeklagten beantrage er dessen Unterbringung auf unbestimmte Zeit in einer geeigneten An-

stalt, wo alles für ihn getan würde, um eine baldige Genesung herbeizuführen.
Der Richter war derselben Meinung und hatte dem in seiner Urteilsbegründung nichts hinzuzufügen.
Unter Missachtung aller Verhaltensnormen schlug der Angeklagte nun wild um sich, als er abgeführt werden sollte. Die Immobilienbranche, die Finanzbunker und ihre Banken, schrie er, das sind doch die Gaskammern von heute.
Ein Vollzugsbeamter sprang hinzu. Dann war Ruhe.

Riesenschnauzer

1. Drei Riesenschnauzer, Schlauberger will ich damit sagen, sind mir in meinem Leben über den Weg gelaufen, Bolski, Walcke und Lunger, grundverschieden, aber im Stübchen war was los. Bolski hatte ich im Studium kennengelernt. Erst viel später ist es mir klar geworden, dass er nämlich auch nicht zu der geringsten Gefühlsregung fähig war. Wann das verschüttet worden war, ist schwer zu sagen, vermutlich aber in der Kindheit, um dem frühen Verlust seiner Eltern nicht emotional ausgeliefert zu sein. Zum Ersatz entwickelte er im Laufe der Zeit ein komplett rational gesteuertes Verhaltensmuster. Als ihm seine Familie im Wege stand, wie er es sah, war er einer alten Frau hörig geworden. Das hatte er eines Tages in seinem Gehirn so geschaltet und ausgeführt. Sie hatte sich in der Reinigungsfirma Wiebke bis in die Chefetage hochgearbeitet und schließlich eine Teilhabe unter dem neuen Firmennamen Wanner&Wiebke gesichert.
Mit viel Ehrgeiz absolvierte Bolski sein Studium und ließ anschließend keinen Hebel aus, um aufzusteigen. Eins muss man ihm lassen. Gegen die Systemkarrieristen war er immer voller Protest. Das heißt nicht, dass er irgendetwas ausließ, seinen Aufstieg zu beschleunigen. Er sah aber wohl, dass es an der Spitze von Intriganten und Schwätzern nur so wimmelte. Seine Konkurrenten auf der akademischen Leiter konnten sich aber ebenso klug stellen wie er, und immer wieder war einer über ihm.

Das Beste wäre für ihn gewesen, Flugoffizier in der Aeroflot. Damit hätte er zwei wichtige Dinge in seinem Leben mit einem Schlag geregelt, seine Liebe zur Sowjetunion, die ganz große Liebe neben seiner Liebe zur Deutschen Demokratischen Republik. Und in facto schwebte er dann über allen, wenn auch nur während des Fluges. Da hätte ihm auch die Einheit nicht dazwischen pfuschen können, die Einheit, die er so hasste, weil sie ihm seinen innig geliebten Arbeiter- und Bauernstaat kaputt gemacht hat. Er verachtete jeden, der dazu auch nur ein Jota beigetragen hat, kompromisslos. Während des Studiums waren wir sogar befreundet, und latent hielt das auch noch die Jahre danach. Als ich dann aber, undankbar wie ich war, zum Klassenfeind übergelaufen war, fünf Jahre vor der Einheit, da hat er mich einfach auf seiner Festplatte gelöscht, von heute auf morgen, unwiederbringlich.
Und dann Walcke. Der war das klassische Beispiel dafür, dass es am wirkungsvollsten ist, wenn man sich das Bein selber stellt. Damit kommt man am schnellsten über den Rand der Klippe. Sein Lieblingsspiel war, Thesen in den Raum zu stellen, wo ein halbwegs vernünftig denkender Mensch erst einmal sagt, nein, das, was er da sagt, kann er so nicht gemeint haben. Der ist ja nicht doof. Und dann grübelt man und grübelt man und kommt nicht dahinter.
Im Grunde genommen hielt er sich für Napoleon, Napoleon ohne den Russlandfeldzug oder, besser noch für Caesar: `veni, vidi, vici.`

Kommen, hinsehen und mit einer Handbewegung alle Probleme erschlagen. So sah er sich, auch wenn es bei manchen Problemen etwas länger dauerte oder gar nicht aufhören wollte zu dauern. Er hatte sich an keiner Stelle zu korrigieren. Seine Bemühungen, den ganz großen Wurf in der theoretischen Physik zu landen, hatten nicht die geringste Aussicht auf Erfolg. Und er hasste mich, da ich ihn immer wieder davor gewarnt hatte, seine ganz und gar absurden Thesen weiter zu verfolgen. Zur Wende wäre er fast gestrauchelt. Ein Zufall verschaffte mir Gelegenheit, ein gutes Wort für ihn einzulegen. Auf Grund seiner brillanten Sprachkenntnisse wurde Walcke leitender Flugoffizier bei den Canadian Airlines, habe ich eines Nachts geträumt.
Der Lustigste von den dreien war Lunger, begabt und Salonlöwe in einem. Auch er war allein davon beseelt, ganz oben anzukommen und war mit dem Allmächtigen im Bunde. Was er selber nicht konnte, ließ er andere machen, so dass es zu Prioritätsstreitigkeiten kam. Damit hatte er seinen Spaß. Er verstand sich auf Spaß. Nur auf den Allmächtigen ließ er nichts kommen. Wer es sich nicht mit ihm verderben wollte, durfte daran nicht rühren. Der Großmast auf seinem Flaggschiff war der Allmächtige. Daran hielt er sich fest und konnte also niemals untergehen. Er hatte Walcke als Matrosen aufgenommen, als der zur Hochsee strebte. Natürlich hatte es am Ende nur Zank und Streit gegeben und endlose Kontroversen eingebracht.

Ich habe Lunger als leitenden Flugoffizier für den Fuhrpark des Vatikans vorgeschlagen, bin aber nicht gehört worden.

2. Eine Flugschau führte die drei zufällig an einen Tisch. Der Wein lockerte die Stimmbänder, und sie erzählten sich von den größten Dummköpfen, die ihnen in ihrer Laufbahn begegnet sind. Teltow, ergriff Walcke die Gelegenheit, Thomas Teltow, der ist das Dümmste, was ihm je untergekommen sei, die größte Niete, die er kenne, ein Windhund, nichts weiter. Das tat gut. Bolski sagte nichts, denn er hatte mich ja gelöscht. Wer aber genauer hinsah,konnte sein zufriedenes Antlitz wahrnehmen. Kaum hatte mich Walcke zu Staub zerrieben, leitete er über zu seinen revolutionären Forschungen, dass sich die anderen beiden duckten. Sie waren froh, mit einem so bedeutenden Zeitgenossen an einem Tisch sitzen zu dürfen. Am späten Abend gingen sie bei guter Laune auseinander.

3. Die Einheit stand bevor. Ich hatte es gerade zu einer Lebensstellung auf einer Fachhochschule geschafft und unterrichtete Mathematik, weiter nichts. Diesen Unterricht machte ich mit links und dann die endlosen Ferien. Das war der Eintritt in das Paradies, wenn nicht diese schrecklichen Klausuren gewesen wären.
Meine Klausuren, das war ein eigenes Kapitel. Was da am Ende abgegeben wurde, kann man nur als Naturkatastrophe bezeichnen, sinnloses Gekritzel, zusammenhanglose Formelzeichen,

Bruchstücke von Gleichungen, seltsame Erfindungen – bei mindestens der Hälfte der Arbeiten. Der Rest war etwas besser. Zwei bis drei Arbeiten konnten sich wirklich sehen lassen. Davon lebte ich.

Zu Hause bekam ich erst einmal einen Wutanfall, wenn ich die Berge von Müll sah, die da vor meiner Nase lagen. Die fallen alle durch, die fallen alle durch, allesamt, schrie ich los, dass mich meine Frau beschwichtigen musste.

Am Ende habe ich sie alle durchkommen lassen, bis auf zwei oder drei, die beim nächsten Mal mit demselben Unwissen bestanden. Also höchstens mal eine Nachprüfung und fertig. Ich wollte frank und frei durch die Alpen wandern können und mir dabei nicht das Gehirn zermartern, dass ich irgend so einem Schwachmatikus den Lebensweg verbaut habe.

4. Vielleicht liegt es daran, dass ich bei meinen Großeltern viele Sommernächte unter einem riesigen Bild mit dem Großvenediger geschlafen habe. Jedenfalls zieht es mich immer in die Alpen. Und meine Herberge. Hier fing ich eigentlich erst an, richtig zu leben. In den ersten Jahren ging Toni, die Tochter des Hauses, noch in die Schule. Da habe ich ihr so manches Mal die Mathematik-Hausaufgaben gemacht, und sie sauste glücklich auf die Weide zu ihren Kühen.

Wir kannten uns also schon ewig. Und jetzt servierte sie. Wenn die Sonne besonders schön am

Himmel stand und sie sich frei machen konnte, gingen wir spazieren. Sie hatte immer ihren großen Riesenschnauzer dabei. Er mag dich, sagte sie. Sonst würde ich auch gar nicht mit dir gehen. Wer bist du, fragte ich ihn, Bolski, Walcke oder Lunger. Er überhörte die Frage, führte uns hoch in die Berge und bewachte uns.

5. Thomas, Telefon, rief mich Toni an den Tresen. Bonn. Es ging um die Evaluierung. Ich sollte tüchtige Wissenschaftler benennen, die sich im DDR-System nicht hatten vereinnahmen lassen und dem Staat die Stirn geboten haben.
Bolski, Walcke und Lunger, sagte ich, die sollen bleiben. Später erfuhr ich, dass Bolski rechtzeitig die Seiten gewechselt und die Partei ihn schon an der FU in Westberlin untergebracht hatte. Da war ich denn doch platt. `Suum cuique.`
Indessen kündigte Walcke unbeirrbar seine nun direkt bevorstehende Revolution in der Physik an.
Vor zwei Jahren war vierzigjähriges Jubiläum:
`Ceterum censeo rationem quanti esse delendam.`

Die Schöpfung

Das ist doch ein einziger großer Schmarren, dieser Darwin mit seiner Evolution. Der wollte uns so richtig an der Nase herumführen. Überhaupt nichts ist dran, aber auch rein gar nichts. Der war wohl nicht ganz richtig im Oberstübchen. Was sich der Herr dabei gedacht hat, uns diesen Darwin zu schicken, darüber wird man noch nachdenken müssen, vielleicht uns auf die Probe stellen, ob wir es denn auch begriffen haben, wes Geistes Kind wir sind. Das ist ja wohl über jeden Zweifel erhaben. Den Menschen hat der Herr gemacht und zwar als Krönung seiner Schöpfung, ausgestattet mit all seinen wundervollen Gaben, vor allem, den Herrn zu preisen und ihm zu dienen, sich zu bücken und zu beten. So war das. Wie dann der eine oder andere übergeschnappt ist, ihm die Gaben des Herrn zu Kopfe gestiegen sind, da hatte ihm der Herr vorsorglich einen Nachhilfeunterricht an die Seite gestellt, in der Form von Karrikaturen. Das Kamel hatte er gemacht und den Esel, den Ochsen, den Hasen, den Schakal und den Geier, um dem ungezogenen Sapiens den Spiegel vor die Nase zu halten. Sieh her, spiel dich nicht so auf. Habe ich dazu den Geist über dich ausgegossen. Nimm dich zusammen. Auf die Knie. Und wenn ich noch einmal solche Hirngespinste höre, die du in deiner maßlosen Selbstüberschätzung in meine Welt pustest, werde ich dich wie eine Laus zerquetschen. Packe dich und läute die Glocken.
Sprach 's und verschwand in den Wolken.

Das Passwort

Jetzt geht es wohl zu Ende, ging es mir durch den Kopf. So ist das also. Innerlich war ich gut darauf vorbereitet. Auf einmal sagte einer zu mir, 'Ihr Passwort bitte'. Ohne Passwort können Sie hier nicht rein. Das hatte ich vergessen.
Ich wurde hell wach. Die haben mir doch gar kein Passwort gegeben. Ich will jetzt endlich mein Passwort. Wo kriegt man denn nur dieses Passwort her. Das hat mir doch schon mein ganzes Leben versaut, die ständige Frage nach dem Passwort. Ich wollte telefonieren - Ihr Passwort bitte. 'Ich bin bei Dr. Kieselmann angemeldet' - Ihr Passwort bitte. 'Ich möchte meine Schuhe abholen' - Ihr Passwort bitte. 'Ich hatte hier einen Tisch reserviert' - Ihr Passwort bitte. - Ihr Passwort bitte. - Ihr Passwort bitte. - Ihr Passwort bitte. Hat denn das niemals ein Ende.
Das war es doch, was mich letzten Endes umgebracht hat. Und jetzt geht auch das nicht. Ich will jetzt endlich mein Passwort, mein Passwort will ich, 'Tod und Teufel', schrie ich. Da endlich drückte mir einer die Augen zu, und ich konnte aufatmen.

Lyrisches Intermezzo

Moral

Weiland stürzte sich Kohlhaase
mörderisch in die Ekstase.
Doch er schaffte nur vom Heil
ganz und gar das Gegenteil.

Als Moral von der Legende
hör denn meine Geistesspende:
Sei ein braver, treuer Knecht
für die Wahrheit und das Recht.

Atempause

Nach des Tages harter Klause
konveniert die Ruhepause.
Sich von Herzen zu erfreuen,
hilft ein Dialog zu zweien.
Und die Seele atmet frei
von des Daseins Allerlei.

Oktober

Dünne Sonnenbeine stelzen
auf der Weide, während-
dessen dunstig kalte Schatten
schon Grimassen schneiden.

Zum Piratensegel wird
die Hütte auf dem Feld.
Die Wintersaat hat ihre grünen
Fackeln aufgestellt.

In der Galerie

Es ist von Heinrich Heine überliefert, dass er in Paris ein letztes Mal seine "Matratzengruft" verlassen hat, um sich noch einmal in den Anblick der Mona Lisa zu vertiefen.
Kunsthistoriker knüpfen in ihren Lehrgängen zur Betrachtung von Bildern gerne daran an.
Bellinda hatte auf der Volkshochschule ihr Zertifikat über die Rezeption von Kunst erhalten. Sie sah in den Spiegel und wiederholte noch einmal einige Gesichtsausdrücke, die sich unserer bemächtigen, wenn große Kunstwerke auf uns einwirken, wie sie es gelernt hatte. Begeisterung, hingerissen sein, Bewunderung, Erstaunen, verblüfft sein, Überraschung, Entrückung, Verzückung, Beglückung.
Uns derart in den Bann zu ziehen, ist allein den ganz großen Meistern vorbehalten. Wie jene den Pinsel gehalten, die Linien gezogen, die Farben gemischt haben – so zeichnen deren Bilder eine Faszination in die Gesichter der Menschen, erwecken in ihnen eine wunderbare Welt. Wie von Geisterhand geleitet, wird der Besucher in deren Bann gezogen. All diesen lächerlichen Fälschungen, und wenn sie noch so gut gemacht sind, bleibt diese Kraft verborgen, da ihnen der Atem fehlt, die Präsenz des Meisters.
Bellinda stand nun gut vorbereitet für die Galerie in der Warteschlange. Alle Besucher mussten sich ausweisen und wurden namentlich erfasst. Für den Einlass wurde jeder einzelne dann persönlich aufgerufen. Endlich hörte sie ihren

Namen. Bellinda Mehlhose, Sie können jetzt eintreten. Und sie hatte sich sofort in die Bilder vertieft. Bellinda war es gelungen. Der Lehrgang trug seine Früchte. Sie war entrückt in die feinere Welt, die Welt der Träume und Fantasien, in die sie bei der Betrachtung der Bilder entführt wurde. Das stundenlange Warten auf den Einlass in die Galerie hatte sich gelohnt. Diese wundervollen Gemälde waren von weit her zusammengetragen worden. Das rechtfertigte auch den hohen Preis der Eintrittskarten. Für die wahre Kunst war ihr nichts zu teuer. Ein solches Erlebnis wie dieses hier, ist unbezahlbar, und Bellinda legte sich schon mal ein paar Scheine für eine Spende zurecht. Der gewaltige Wert der Bilder rechtfertigte auch den hohen Sicherheitsstandard.
Zu ärgerlich nur, dass gerade jetzt diese lärmende Führung hier vorbeikommen musste und sie dadurch aus ihrer Seligkeit gerissen wurde. In der wirklichen Welt ist eben nichts perfekt, nur in der Kunst, ihrer Kunst.
Und hier sehen Sie nun, meine Damen und Herren, die gleichen, fast genau dieselben Bilder, die wir oben bei den großen Meistern bewundern konnten. Aber schauen Sie einmal genauer hin, und es wird ihnen nicht schwer fallen, den gewaltigen Unterschied zu bemerken – denn dies alles hier sind plumpe Fälschungen, die wir extra zur Demonstration für Sie aufgebaut haben.
Die Damen und Herren sahen geringschätzig mal hierhin und mal dorthin und würdigten die Bilder kaum eines Blickes. So etwas war es nun wirklich nicht wert, dass man genauer hinsah.

Die Debatte

Eine Debatte ist das Verabreichen von Ohrfeigen, wobei der Empfänger still hält und nur darauf wartet, ebenfalls auszuteilen. Vom Wort her kommt es zwar nicht von debil, aber aufeinander eindreschen steckt drin und möglichst k. o. schlagen. Daher spricht man im Parlament von Debatten und nicht von Diskussionen, deren Anliegen es wäre, einen wahren Inhalt herauszufinden. Nein, es muss klatschen.
Im Grunde merkt doch jeder schon am Tonfall der Stimme, ob er da eine fertige Meinung vorgesetzt kriegt oder sein Gegenüber mit sich reden lassen will. Bei jeder passenden oder unpassenden Gelegenheit in die Debatte eingeworfen wird doch nur, was in einsamen Stunden ausgedacht wurde. Man erkennt das daran, dass eine solche Bemerkung in einigen Fällen sogar grammatisch richtig sein kann, aber eigentlich nur dem Urheber der Worte einen rhetorischen Erfolg bescheinigen soll und der sich vorwegnehmend schon einmal gehörig auf die Schulter klopft.
Diesen Hintergrund sollte man bei der folgenden Auseinandersetzung im Auge haben.
Das kann nichts sein, was immer da ist. Es blendet, man schwitzt. Alles vertrocknet. Ja was muss denn da noch passieren, attackierte der Mond die Sonne. Und du bist kalt und gelb und verdünnisierst dich ständig, kannst du ja auch, weil du sowieso zu nichts nütze bist, konterte die Sonne. Und du vielleicht, dich kann man ja nicht mal angucken, ohne eine Brille aufzusetzen,

versuchte der Mond nun wieder gegenzuhalten. Mir kann man ehrlich ins Gesicht sehen, und ich hatte sogar schon mal Besuch von der Erde. Keiner würde auf die Idee kommen, zu dir zu kommen. Der wäre ja verkohlt, bevor er auch nur in deine Nähe käme. Schrecklich bist du, einfach schrecklich.

Was zu viel war, war zu viel. Schau dich doch mal an. Wie ein altes Weib siehst du aus, hoffnungslos verschrumpelt. Und sich dann so glänzend darzustellen. Ein Waschbrett, das sich von mir eine Stola umgehängt hat, machte sich die Sonen nun Luft und schob eine Wolke vor ihr Gesicht, damit man nicht sehen konnte, wie nahe ihr die Attacken gegangen waren. Da opfert man sich auf bis man halb verbrannt ist wie der Pastor Brüsewitz. Aber nein, da kommt irgend so ein Mondkalb daher und meint, das sei alles nichts.

So hauten sie sich gegenseitig die Sprüche um die Ohren, dass sich der Himmel verfinsterte und Blitze und Donner niedergingen, zwar nicht auf dem Mond, aber immerhin.

Da wurde es ihm denn doch zu heiß, und der Mond wurde immer schmaler. Die Sonne glänzte dafür um so heftiger. Und es dauerte nicht lange, bis sich das Spiel wiederholte.

Solchermaßen hieben die beiden also unaufhörlich aufeinander ein. Die Sterne funkelten in der Nacht, der Mond schien, und am Tage strahlte die Sonne.

Und Mariechen sang "Leise, Peterle leise,..." und "Sonne, liebe Sonne,...".

Der Korkenzieher

Mit vierzehn Jahren durfte Roderich den ersten Schluck Wein trinken, Rotwein. Schon als kleiner Junge konnte er die Flaschen öffnen. Da war dann das erste Glas Wein für ihn ein großes Ereignis und Ansporn zugleich, seine Kunstgriffe zu verfeinern, die Korken aus diesen wunderbaren Flaschen zu ziehen.

Bald benutzte er nur noch seine eigenen Korkenzieher, die kunstvoll und besonders scharf geschliffen waren und wovon er etliche in seinen Taschen parat hielt.

Roderich arbeitete nun in einem großen Weinrestaurant, wo ihm bald das Öffnen der Flaschen übertragen wurde, da es keiner so wie er beherrschte. Besonders an großen Tafeln, wo mit einem Mal eine Menge Flaschen möglichst gleichzeitig zur Verfügung stehen mussten und erst am Tisch geöffnet werden sollten, konnte er mit seiner Kunst aufwarten. Blitzschnell setzte er seine Korkenzieher auf bis zu zehn Flaschen fast gleichzeitig. Mit einem Anfangsschwung drehten sie sich dann wie von selbst nach unten, und Roderich konnte sie nun mit geübtem Griff wieder herausziehen. Die Gäste staunten nicht schlecht, und es schien, dass eine Menge zusätzlicher Flaschen nur bestellt wurde, damit sie sehen konnten, wie sie Roderich entkorkte. Bei manchen Gesellschaften kam es zu Bravorufen, und man hatte den Eindruck, dass die Gäste vergessen hatten, wozu sie hier eigentlich zusammengekommen waren. Sie feierten nur noch das Entkorken der Flaschen. Der Weinumsatz schnellte

in die Höhe. Roderich avancierte zum bestbezahlten Angestellten.
Roderich beherrschte aber auch den umgekehrten Vorgang, nämlich in irgendwelche Flaschen jeden beliebigen Korken, ja selbst die dicken Sektkorken hineinzuschieben, was ja was ganz anderes war. Diese Kunst wurde immer mehr sein Glanzstück, bis er sogar einmal einen Korken direkt in eine Tischplatte drehte. Dass er in der Nacht zuvor die Platte präpariert hatte, blieb unbemerkt. Roderich verschaffte sich einen riesigen Respekt. Und wenn es einmal zu Auseinandersetzungen kam, keiner traute sich an Roderich heran. Wer wollte schon auf einmal einen Korken in der Backe haben.
Roderich war nun jemand. Er wurde in die feineren Gesellschaften eingeladen, wo man sich dann die Flaschen ungeöffnet kommen ließ, damit Roderich seine Kunst vorführen konnte.
Nun begann sein Aufstieg. Er gründete eine eigene Korkenzieherfabrik und eine Sektkellerei. Er erwarb Weinberge und legte eine riesige Plantage mit Korkeichen an. Er gründete auch eine eigene Schule, wo neben Deutsch und Rechnen das Korkenziehen Hauptfach war.
Diese Schule war aber nur Tarnung. Hier bildete er Rekruten aus, die mit dem Korkenzieher als Waffe umgehen konnten.
Nun ging es Schlag auf Schlag. Roderich entwaffnete die Nationalgarde, besetzte alle Ministerien und ließ sich zum Alleinherrscher ausrufen. Seine vormals gemütliche demokratische Heimat wurde eine Korkenzieherdiktatur, wo überall

und alles nur nach dem Willen von Roderich geschah. Jedwede Opposition wurde im Keim erstickt. Kritik an Roderich wurde hart bestraft. Die Haftanstalten waren überfüllt.

Doch es gärte im Lande Roderich. Sein Wein wurde sauer. Die Korkeichen moderten vor sich hin, und eine Reblaus vernichtete die Weinstöcke. So schnell wie es erblüht war, brach das Imperium auch wieder zusammen.

Roderich musste fliehen und bestritt unerkannt in der Ferne seinen Lebensunterhalt als Kellner in einem kleinen Weinrestaurant, wo er mit seiner Kunst, die Flaschen zu öffnen, für Unterhaltung sorgte.

Die in seinen Gefängnissen hatten leiden müssen, suchten ihn aber. So kam es, dass man eines Morgens Roderich leblos auf der Straße fand mit einem Korkenzieher im Rücken, auf dem seine Initialen eingraviert waren.

Jambus Trochäus

Im Taufregister war er als Jambus Daktylus Trochäus eingetragen. Viel war mit ihm nicht los. Zum Leben reichte ihm seine Erbschaft, seit die Eltern nicht mehr für ihn da waren. Er trällerte in den Tag hinein, machte hin und wieder einen Vers, der auch schon mal in die Zeitung gekommen war, ohne dass aber wirklich jemand davon Notiz genommen hätte. Und nun das. Nichtsahnend hatte er "Den lieben Tag" an die Redaktion des "Eulenspiegel" geschickt.

Den lieben Tag

Du hast den lieben Tag gekratzt,
geschachert und geschäumt.
Du hast nur Schaum gemacht,
den Schaum, der tausendfach zerplatzt.

Ich habe meine Zeit geträumt,
den Traum von Tag und Nacht.
Ich habe keinen Traum versäumt.
Ich hab den Traum bewacht.

Und dann war das so weiter gegangen. Daktylus traute seinen Ohren nicht, als er "Den lieben Tag" auf einmal irgendwo auf der Straße hörte. Es ging durch die Medien. Keine Veranstaltung, die etwas auf sich hielt, versäumte es, dass an irgendeiner Stelle diese Verse vorgetragen wurden. Und immer brachten sie großen Beifall ein. Wettbewerbe gab es, wie man diese Zeilen am wirkungsvollsten zur Geltung bringen konnte. Kurzum, die besten Schlager, alle Ohrwürmer, die es je gegeben hatte, alles das verblasste und war dagegen nur ein fader Abglanz. Das hatte es

noch nie gegeben. In den Umfragen lag der Dichter des Volkes, wie er nur noch genannt wurde, weit vor den berühmten Stars der Arena. Weder Film- noch Sportbranche kamen auch nur annähernd an ihn heran.
Erklären konnte man das nicht. Die etablierten Profis waren verschnupft, dass hier irgend so ein hergelaufener Dilettant mit seinem Kalauer ihnen den Rang ablaufen sollte. Aber es half nichts. Wer nicht ganz untergehen wollte, musste sich darin übertreffen, Daktylus auf sein Schild zu heben. Und als der dann, getragen von der Welle der Begeisterung, noch einen Vers hinterherschickte, war es endgültig aus mit den angestammten Poeten. Die konnten sich schon einmal eine Arbeit in der Ausleihe einer Bibliothek suchen. Jambus indessen lagen sie wieder alle zu Füßen, als er auf dem zehnten Jahrestag zu Ehren seines "lieben Tages" deklamierte:

Der Riecher

Ich habe ein feines Gemerke.
Das Riechen ist gar meine Stärke.
Ich rieche auf etliche Meilen
den Zwischenraum zwischen den Zeilen.
Ich rieche die Schatten vom Tage,
die Zeit und das Zeichen der Waage.
Ich rieche die falsche Küche
und all deine stinkenden Schliche,
die höllischen Hiebe und Stiche.
Doch krieche ich nicht.
Ich rieche die Sprüche.
Und wenn ich verbliche,
ich kröche nicht, – ich röche.

Wenn auch weiter nichts mehr von ihm zu hören war, Jambus Daktylus Trochäus war unangefochten der Nationalheld. Er bewohnte fortan ein eigenes Schloss, in das er sich ganz zurückzog, abgeschieden von der Außenwelt.
Er sitze an seinem Schreibtisch und arbeite unablässig, hieß es. So viel konnte man jedenfalls von außen sehen. Inzwischen wurden Schnappschüsse, Daktylus am Schreibtisch, aufgenommen mit Spezialobjektiven, meistbietend zu Wucherpreisen gehandelt. Auf einigen Aufnahmen konnte man sogar dicht beschriebenes Schreibpapier erkennen. Solche Bilder brachten am meisten ein.
Dies alles sei für die Nachwelt, ließ er verbreiten. Erst hundert Jahre nach seinem Ableben könne er die Texte freigeben. Frühestens dann werde die Menschheit so weit sein, ihm folgen zu können. Der Endlichkeit des Daseins geschuldet, würde nur er allein so weit vorpreschen können.
Gelegentlich sah man den Doktor, man hatte ihm inzwischen mehrfach den honoris causa verliehen, in das Schloss gehen, und manchmal schien es, als komme er mit einem sorgenvollen Gesicht zurück. Und Personal ging natürlich ein und aus, das aber das gleiche Verschwiegenheitsgelübde abgelegt hatte wie der Doktor.
Was in dem Schloss tatsächlich ablief, ahnte niemand. Daktylus hatte nur zwei Dinge im Kopf, nämlich Schlemmen und Saufen bis zum Umfallen, und gleichzeitig eine unbeschreibliche Angst um seine Gesundheit. Dazu hatte er auch allen Grund. Hypertoniker war er, was bei seinem

Tagesrhythmus nicht hatte ausbleiben können. Nichtsdestoweniger schlemmte und zechte er weiter bis zum Umfallen, wovon er dann eines schönen Tages auch nicht mehr aufstand.
Es gab ein Staatsbegräbnis. Die Fahnen wurden drei Tage auf Halbmast gesetzt. Die ganze Republik weinte. Da der Dichterfürst jede Öffentlichkeit abgelehnt hatte, wurde ihm nun posthum der Adelstitel verliehen.
Das Schloss wurde ein Museum. Seine Manuskripte verschwanden in riesigen Stahltresoren, die nach dem Willen des Verblichenen erst nach hundert Jahren geöffnet werden sollten.
Die Literaturwissenschaftler wollten sich mit einer solchen absoluten Klausur der Werke des Jambus Daktylus von Trochäus aber nicht zufrieden geben. Sie zogen Spezialisten im Erbrecht zu Rate und ließen sich eine Auslegung des Testamentes bescheinigen, wonach unter Ausschluss der Öffentlichkeit zu rein wissenschaftlichen Zwecken die Tresore doch geöffnet werden durften.
Und da traten denn meterhohe Stapel von Manuskriptbögen zu Tage. Jeder einzelne war dicht beschrieben mit Zahlenkolonnen.
Informatiker, Mathematiker, Linguisten, Archäologen, schriftkundige Spezialisten aus der ganzen Welt, alles was in der Wissenschaft der Hieroglyphen Rang und Namen hatte, alle wurden sie zusammengezogen, um die Zeichen des Jambus Daktylus von Trochäus zu entschlüsseln. Es wurden auch keine Mittel gescheut, um die leistungsstärksten Rechner der Welt mit diesen Zahlen zu füttern. Indes, ein Ergebnis blieb aus.

Als nach dreißig Jahren das Land von einer schweren Wirtschaftskrise geschüttelt wurde und es nur noch darum ging, nicht zu verhungern, kam es nach drei Monaten hitziger Debatten im Parlament zu einer namentlichen Abstimmung mit dem Resultat, dass die Mittel für die Daktylus - Forschung gestrichen wurden.
Die geheimnisvollen Manuskripte verschwanden wieder in den Tresoren und blieben ein Rätsel. Bis sich nach weiteren zwanzig Jahren ein Urenkel seiner Schwester zu Wort meldete. Selbst in große Not geraten, ignorierte er das Verschwiegenheitsgelübde – die testamentarisch festgesetzten hundert Jahre waren erst zur Hälfte abgelaufen – und verkaufte das Testament nach eingehender Prüfung auf seine Echtheit für eine horrende Summe an eine Tageszeitung, die es gleich am nächsten Tag auf der Titelseite öffentlich machte. Und da stand nun also geschrieben:
"Ich, Jambus Daktylus Trochäus, erlöse hiermit meine Nachwelt von ihrer Unwissenheit um meine Manuskripte. Unschwer ist die Dreiteilung der Zahlenkolonnen darauf zu erkennen. Sie geben in dieser Reihenfolge die systolischen und diastolischen Werte in mmHg meines Blutdruckes sowie den Puls an.
Soweit es meine Mahlzeiten zuließen, habe ich alle fünf Minuten gemessen.
Und ich bekenne, dass ich meine beiden gefeierten Kreationen
'Den lieben Tag' und 'Der Riecher'
aus dem Nachlass meines so früh verstorbenen ungarischen Freundes Rela Ferenz abgeschrieben habe."

Elfriede

Gib mir noch einen Millimeter, sagte Elfriede, einen Millimeter, dann gehen wir.
Nichts da. Mir gingen inzwischen ketzerische Gedanken durch den Kopf. Allein in Deutschland sind es ungefähr fünfzig Millionen, die aufgetakelt wie die Pfauen durch die Gegend wackeln und immer nur danach trachten, noch etwas zu kriegen, womit sie sich noch feiner herausputzen können. Und das geht dann ein ganzes Leben lang. So war das immer, und so bleibt es. Homo garderobiensis werden uns die Archäologen dereinst nennen, nachdem lange der homo sapiens ausgestorben und eine neue Spezies auferstanden ist.
Habe ich deswegen den Geist über dich ausgegossen, damit du dich dem Firlefanz ergibst, schlug der Allmächtige mit der Faust auf den Tisch. D. h., er schickte einen Meteoriten, der erst einmal alles zwei- und vierbeinige Leben auslöschte. Wenn 's nicht klappt, wird 's geübt. Also alles noch einmal von vorn.
Und nun krochen sie wieder hervor aus dem Dreck, als sich die Erde beruhigt hatte, Lurche und Kriechtiere, und wollten es wieder versuchen. Mühsam ging es voran, und der Alte hatte ein Erbarmen und ließ es geschehen. Hamster, Mäuse, Hasen und Gibbons stiegen auf. Die Archäologen staunten nicht schlecht, was da alles zum Vorschein kam, Reste von kilometerdicken Stoffballen, die selbst der Meteorit nicht hatte ganz vernichten können.

Und dann die ganz große Sensation, ein Knochenfund, aus dessen Oberfläche man auf eine prunkvolle Garderobe schließen konnte. Eine erwachsene Frau war das, die in das internationale Museum kam und Elfriede genannt wurde. Bald war Elfriede in aller Munde. Da stand sie nun. Jeder kannte Elfriede. Zunächst wurden nur kleinere Nachbildungen angefertigt. Aber schon bald kamen die ersten Boutiquen auf, welche nun Kleidungsstücke wie aus der Vorzeit anboten. Erst griffen nur die Frauen danach. Doch bald waren sie alle davon besessen, Männlein und Weiblein. Und schon war die Erde eine einzige Garderobenfabrik. Und verheerende Kriege gab es um Baumwollfelder und die Weidegründe für Schafherden, um die Fabriken für Kunstseide, um die Erdölbasis.

Was habe ich da bloß wieder falsch gemacht, grübelte der Allmächtige, braute einen Meteoriten zusammen und schickte ihn auf die Erde. Das wird so lange geübt, bis es klappt, murmelte er in seinen Bart. Das wäre doch gelacht.

Maultaschen

Dieser Erkrankung war einfach nicht beizukommen. Die letal mutation of brain, die lmb, wie sie kurz genannt wurde, breitete sich aus wie die Pest im 14. Jahrhundert. Der uns von Geburt an inhärente Lebenswille war wie verwandelt. Bedrohliche Erkrankungen lösten geradezu einen Glücksrausch aus. Ein böses Leiden wurde immer häufiger mit einem Taumel an Seligkeit wahrgenommen. Das zu unserer Selbsterhaltung so wichtige Schmerzzentrum war ein Lustzentrum geworden. Die Menschen hieben aufeinander ein, bis sie, bebend vor Wonne, leblos zusammenbrachen.

Einige Bestattungsunternehmen hatten die Gelegenheit erkannt, hier Geld zu machen und warben mit gruseligen Plakaten für lustige Tänze in den Tod.

Dazu kam ein rätselhaftes Infektionspotential, was die Gefahr herauf beschwor, dass die ganze Menschheit ausgelöscht würde. Einige der Nichtinfizierten arbeiteten fieberhaft daran, eine Kolonie unserer Spezies auf dem Mars anzusiedeln. Im Verteidigungsministerium rieb man sich die Hände und hatte schon damit begonnen lmb-Rekruten anzuwerben, musste aber im Kugelhagel der Presse zurückrudern.

Abenteuerliche Theorien kamen auf. Scharlatane versuchten, ihr Süppchen zu kochen.

Bis ein Tüftler aus Stuttgart-Vaihingen auf die Idee mit den Maultaschen kam. Mit Maultaschen werde ich euch füttern, rieb er sich die Hände,

bereitete eine große Menge davon vor und ließ sich mit der entsprechenden Reklame auf der Königsstraße nieder.
Nach einer anfänglichen Zurückhaltung florierte das Geschäft. Seine Kunden kamen immer wieder, und es breitete sich ein Glanz von Glückseligkeit auf ihren Antlitzen aus. Nur noch Friedfertigkeit, Freundlichkeit und Hilfsbereitschaft gab es rundum und Fleiß und Redlichkeit. Die Seuche brach in sich zusammen, und man erinnerte sich daran nur noch wie an ein böses Märchen.
Auch heute isst man in Stuttgart allzu gerne Maultaschen, was die bekannte Freundlichkeit dieses Menschenschlages nun hinlänglich erklärt.

Die Geldkarte

Ihre EC-Karte streikt, sagte die Dame an der Kasse, als ich die historische Pendule bezahlen wollte. Das kann nicht sein. Sie möge es noch einmal versuchen. Ihre Karte ist gesperrt. Nach dem dritten Versuch wurde sie eingezogen. Und was machen wir jetzt. Ich sah die Geldbörse nach meinen Karten durch. Die Visa-Karte war nicht dabei. Einen Organspendeausweis habe ich hier. Der ist gültig. Da kann ich Ihnen höchstens eine Niere anbieten. Ich muss diese Uhr haben. –
Und ich brauche eine Niere, sagte die Verkäuferin, die dabei ein wenig blass geworden war. Die Uhr kann ich Ihnen zurückstellen, kriegte sie noch heraus. Da hatte ich in ein Wespennest gestochen. Das mit der Niere stimmte offenbar. Ich hatte zwei und würde mit einer auskommen.
Beiläufig fragte ich, ob ich sie zu einer Tasse Kaffee einladen könne. Es sei doch sowieso gleich vier Uhr. Sie willigte ein, wechselte ein paar Worte mit einer Kollegin und kam mit.
Da saßen wir nun auf der Terrasse eines wunderbaren Cafés bei einem Mokka mit einem Stück Käsekuchen, sahen weit über die Stadt und sprachen über Gott und die Welt, nur nicht über das, was uns unablässig durch den Kopf ging. Warum hatte ich auch bloß diese dumme Visa-Karte nicht bei mir. Da hätte ich vielleicht noch Kredit gehabt, auch wenn die EC-Karte überzogen war. Und dann die völlig überflüssige Bemerkung mit meinem neuen Organspedeausweis. Das war doch nur für den Todesfall.

Corinna, wir nannten uns inzwischen beim Vornamen, sah mit einem Gefühl der Enttäuschung über die Ungerechtigkeiten in dieser Welt auf jeden, der völlig überflüssig mit zwei gesunden Nieren herumlief. Nach zwei Stunden verabschiedete sie sich. Sie musste zur Dialyse. Kein Wort hatte sie davon gesagt, aber ich wusste es.
Ich muss unbedingt diese Uhr haben, ging es mir wieder durch den Kopf. Wahrscheinlich war inzwischen auch der Kreditrahmen für die Visa-Karte ausgeschöpft, und ich hatte sie deswegen zu Hause gelassen. Das war ein heilloses Durcheinander in meinen Finanzen. Die bescheidenen regelmäßigen Einkünfte wurden durch diese Geldkarten eben auch nicht mehr.
Aber ich konnte doch deswegen nicht meine Niere hergeben. Außerdem ging das ja auch gar nicht. Eine direkte Organabgabe war nur bei sehr enger Verwandtschaft oder eben zwischen Eheleuten möglich. Aber ich konnte doch deswegen nicht Corinna heiraten. Oder doch. Ich muss diese Uhr haben. Bei unserem nächsten Treffen duzten wir uns schon. Die Uhr hatte sie immer noch für mich reserviert. Corinna hatte Rücklagen. Sie könnte diese Uhr kaufen. Wenn ich sie heirate, würde ich zur Bedingung machen, dass sie mir diese Uhr schenkt. Und wenn ich Dich heirate, erwiderte sie, wäre meine Bedingung eine Niere.
Gesagt, getan. Als Zugabe hatte sie mir sogar meine Geldkarten wieder aufgeladen. Was war schon eine alberne, glitschige Niere gegen den wundervollen Klang dieser herrlichen alten Pendule.

Krahwinkel

"Krahwinkel mit der Betonung auf Winkel", sagte der Bauer, als wir ihn danach fragten, wo denn *das* hier sei. Dabei hatte bei unserer Frage die Betonung auf dem 'das' gelegen. Die Straße war nach rechts abgebogen, kehrte mit einem spitzen Winkel links herum vor dem ersten Haus dem Ort den Rücken, um dann wenig später die alte Richtung wieder aufzunehmen. Für die großen LKW war es eine Qual, nicht minder für die Anwohner.

Der Antrag der Gemeinde, die Hauptstraße gleich geradeaus weiterzuführen und für den Zugang zum Ort nur den Nebenweg zu belassen, hatte keinen Erfolg gehabt, angeblich aus Kostengründen.

Wir machten Halt und sahen uns um. Als uns auf einer Wiese Kinder entgegenkamen, fragten wir, woher sie denn seien. "Aus Krahwinkel mit der Betonung auf Winkel", antworteten sie wie aus einem Munde und hatten offenbar ihren Spaß daran. Und dann sahen wir auch das Ortsschild. Da stand tatsächlich

"Krahwinkel mit der Betonung auf Winkel".

Wegen dieser Namensgebung, die von der Gemeinde unlängst beschlossen worden war, gab es mit dem Bezirk richtig Ärger. Aber die Gemeinde bestand auf ihrem Recht. Vorschriften waren nicht verletzt.

Ein solcher Ortsname passte auf kein Formular, auf keinen Plan, auf keine Karte, in kein Register, in keinen Personalausweis, in keinen

Reisepass, auf keinen Führerschein, in keine Papiere, welcher Art auch immer. Die Kosten für eine entsprechende bürokratische Anpassung würden nach den Berechnungen ins Unermessliche steigen.

Schließlich gab der Bezirk denn doch dem Antrag auf den Ausbau der Hauptstraße nach, und Krahwinkel hieß wieder Krahwinkel.

Die Bewohner von Krahwinkel hatten aber an dem langen Namen ihren Spaß gefunden. So etwas hatte nicht jeder. Überall quetschten sie 'mit der Betonung auf Winkel' hinein. Wer nach seinem Wohnort gefragt wurde, sagte weiter "Krahwinkel mit der Betonung auf Winkel".

Dieser Zusatz war nicht mehr zu tilgen.

Nach der Fertigstellung der Hauptstraße gab es eine geheime Abstimmung über das Ortseingangsschild.

"Krahwinkel mit der Betonung auf Winkel"

hieß es ohne Gegenstimme, wenngleich das in amtlichen Dokumenten nicht verwendet werden durfte.

Die Heilige Schrift

Unter der täglichen Post war auch ein Brief vom Nachlassgericht in Berlin. Ich hätte ein Grundstück geerbt und möge für die Abwicklung der Formalitäten zu den angegebenen Sprechzeiten erscheinen.

Und nun saß ich also beim Notar. Als rechtmäßigen Erben werde ich Sie in die 'Heilige Schrift' eintragen, erklärte er, womit er witzigerweise das Grundbuch meinte. Für einen Notar war er ein richtiger Spaßvogel.

Nachdem ich ein paar Papiere unterschrieben hatte, bekam ich die Schlüssel, Adresse mit Wegbeschreibung und fuhr hin. Die Fahrt nahm kein Ende. Richtige Häuser sah man schon lange nicht mehr. Die Leute bestätigten mir aber, dass dies noch Berlin sei. Endlich war ich da. Auf einem Stückchen Land stand eine jämmerliche Holzhütte. Von dem Zaun drum herum waren nur noch wenige Reste zu erkennen, geradeso, um eine Grenze zu erahnen. Deswegen war ich nun nach Berlin zum Notar bestellt worden.

Zu Hause wartete auf mich als Erben bereits eine Rechnung über sechstausend Euro für die Beisetzung, wovon ich aber zum gegenwärtigen Zeitpunkt noch keine Ahnung hatte.

Seit über zwanzig Jahren hatte ich keinen Kontakt mehr zu Tante Elfriede. Ich fühlte mich wohl im Zentrum von München. Da war eben kein Platz für irgendwelche sentimentalen Verwandtschaftsduseleien. Ein Stadtmensch war ich.

Ich brauchte Straßen, große Häuser, meinetwegen auch Villen. Und das hier. Das gehörte also tatsächlich zu Berlin, dem viel gepriesenen Berlin. Keine zehn Pferde kriegen mich hier hin, ging es mir durch den Kopf.
Ich ging rein. Eine muffige Welle schlug mir entgegen. Aber auch alles machte einen maroden Eindruck. Licht konnte man anmachen. Wasser gab es auch, aus dem einzigen Hahn in der Küche, aber keinen Anschluss an die Kanalisation. Die Abwassergrube war randvoll. Worauf hatte ich mich da bloß eingelassen.
Von meinen Vettern in Tübingen erfuhr ich, dass sie die Erbschaft sofort ausgeschlagen hätten, als sie den Namen Elfriede hörten.
Da gab es nur eins. Abreißen und ein Fertighaus darauf setzen. Ein eigenes Quartier in Berlin, so schlecht war das nicht. Großes Vermögen hatte ich keines, aber dafür würde es vielleicht reichen. Ich machte mich sogleich daran und schrieb die Anträge. Alles ging glatt durch.
Dann kam ein Schreiben vom Nachlassgericht. Mit der Annahme der Erbschaft war ich die Verplichtung eingegangen, dass hundert Jahre keine baulichen Veränderungen vorgenommen werden dürften, nur Ausbesserungen.
Durch meine Aktivitäten waren die Behörden auf den Plan gerufen worden, die nun alles auch noch unter Denkmalschutz stellten. Zersprungene Fensterscheiben durfte ich austauschen, befallene Dielen ersetzen und wacklige Türangeln befestigen. Und ich erhielt Auflagen sicherzustellen, dass der Verfall nicht fortschreitet.

Ebenfalls wäre der Zaun wieder so aufzubauen, wie er mal war.
Den Kaninchenstall habe ich heimlich abgerissen und die Tiere ins Freie entlassen. Aber das befreite mich auch nicht aus meiner Zwangslage. Die Stadt hatte eine Schenkung abgelehnt. Bei einem Münchener vermuteten sie viel Geld, was ich aber nicht hatte. Ich reiste erst einmal ab. Es wurde Winter.
Obdachlose waren auf die herrenlose Hütte aufmerksam geworden und hatten sich dort eingerichtet. Holz gab es genug. Der alte Kachelofen stank zwar mächtig, aber es wurde warm.
Am Tage waren sie wieder abgezogen. Und dann musste folgendes abgelaufen sein. Aus der Feuerstelle war Glut herausgefallen. Ein Blech vor dem Ofen gab es nicht. Die alten Dielen fingen an zu brennen. Und im Nu war die ganze Hütte nur noch ein Häufchen Asche.
Mein Glück war es nun, dass es keine baulichen Unterlagen gab. Es war ein Laubenpiepergrundstück, auf dem Elfriede gewohnt hatte, illegal, jahrzehntelang. Die Denkmalsbehörde konnte mir daher auch keinen Wiederaufbau verordnen.
So stand ich also in der 'Heiligen Schrift' von Berlin-Marzahn mit einem Häuflein Asche, das unter Denkmalschutz gestellt war und ließ mich nie wieder dort sehen.

Der Tigerzopf

Der Tigerzopf hatte angefangen, ein seltsamer Streifen, preisgekrönt. C. stand auf, sagte beim Verlassen des Zimmers nur, ich solle ihr den Film warm halten, und saß nun über ihrer Grafik, um noch einen Strich anzubringen.

Im Mittelpunkt stand ein Stofftier mit einem langen Zopf und einem Gesicht wie ein Tiger. Simon Theoderich, ein kleiner Junge, dem der Tiger gehörte, wurde ihm immer ähnlicher und lenkte die Aufmerksamkeit zunehmend auf sich. Im Erwachsenenalter, als ihm keiner mehr reinreden konnte und Simon die ärmlichen, kargen Verhältnisse seines Elternhauses verlassen hatte, ließ er sich die Haare lang wachsen und flocht sie zu einem Zopf. Er streifte durch die Zoos, studierte die Tiger und ließ sich gelegentlich bei den Raubtieren als Hilfspfleger anheuern. Wenn er unbeobachtet war, hielt er denen sein Stofftier vor die Nase, das er immer bei sich hatte. Bevor die zulangen konnten, zog er es schnell weg. Doch einmal schlenkerte der Zopf der Stoffpuppe dabei durch das Gitter, den der Tiger nun nicht mehr hergab und schließlich das ganze Stofftier an sich riss. Er trug es in seine Höhle zu den Jungen, die er gerade aufzog. Die wuchsen heran, aber das Stofftier nicht, das nun ständig gehätschelt wurde.

Simon wollte sich mit dem Verlust nicht abfinden und wagte den Schritt in den Käfig. Etwas mulmig war ihm schon. Aber da war die verblüffende Ähnlichkeit mit dem Stofftier. Und vor

allem, durch den jahrzehntelangen Kontakt hatten Simon und sein Stofftier denselben Geruch. Simon wurde von den Tigern beleckt und als einer der Ihren aufgenommen. Sie spielten mit seinem Zopf und hielten ihn daran fest, wenn er den Käfig verlassen wollte. So blieb er und konnte sich auch sein Stofftier wieder einstecken. Mehr brauchte er nicht. Durch das Gitter bekam er von den Wärtern Kost zugeworfen, die ihm seine neuen Verwandten nicht streitig machten.
In den Kassen des Zoos klingelte es.
Für Simon gab es nun Pasteten, Trüffel und Spargelspitzen, wovon er sonst nie zu träumen gewagt hätte.

Der Mann mit der Stradivari

Adur hieß er. Eigentlich hatte man ihn Artur getauft. Er ließ aber den Namen, als er die Stradivari geerbt hatte, unter Berufung auf sein Künstlertum auf dem Standesamt umschreiben.
Der Künstler ließ nicht mit sich reden. Er habe das Stück so geschrieben, für sechshundert Klaviere und eine Violine. Und nur in dieser Instrumentierung könne es zur Geltung kommen. Seine Stradivari lasse keine Abweichungen zu. Die Teilnahmeberechtigung für die Konzertwoche hatte er. Und in dem Vertrag stand, dass der Veranstalter die Instrumente beibringen werde, sofern der Teilnehmer nicht seine eigenen mitbringen könne.
Da blieb jenem also nichts weiter übrig, als sechshundert Klaviere aufzutreiben. Trotz der Rabatte, die er hatte aushandeln können, kamen fünf Millionen an Zusatzkosten zusammen. Und Gertrud, Adurs uneheliche Cousine sechsten Grades, kam mit ihrer Piano-Firma, wo er einundfünfzig Prozent hielt, endlich aus den roten Zahlen. Die Musikbranche boomte. Die Pianisten sahen wieder Morgenrot.
Die Hoffnung war nur, dass die Werbung, eine echte Stradivari sei zu hören, letzten Endes Rekordgewinne einbringen werde.
Es ging nun um die Positionierung der Instrumente. Bei einer Bühnenerweiterung hätte der Veranstalter das ganze Gebäude aufreißen lassen müssen. Also hatte er die Idee mit einer Aufstellung in mehreren Etagen. Der Mann mit der Stradivari protestierte vehement. Doch sein

Einspruch wurde in letzter Instanz abgewiesen. Es ging los. Die Klaviere wurden nur auf dem letzten Drittel der Tastatur bespielt und verbreiteten ein atonales, klingelndes Gewisper. Da hinein ließ Adur seine Stradivari ertönen, die er sicherheitshalber nur mit einer Saite bespannt hatte, was aber keiner bemerkte. Das zweigestrichene A spielte er, unaufhörlich, unterbrochen nur für Bruchteile von Sekunden, wenn er den Bogen umsetzen musste, fünfundvierzig Minuten lang, wie ihm das vertraglich zustand.
Nun setzte eine atemlose Stille ein. Zehn Minuten dauerte es, bis das Publikum bemerkte, dass die Vorstellung vorbei war.
Dann tobten sie sich aus, da sie so lange hatten still sitzen müssen. Rhythmisches Klatschen mit hochgehaltenen Händen wie bei politischen Propagandareden, Trampeln mit den Füßen, was ungezogenen Kindern immer verboten wird. Und die Rufe nach einer Zugabe im Akkord blieben natürlich nicht aus. Doch Adur kam nur ganz kurz auf die Bühne, zupfte leise an seiner Stradivari, verbeugte sich und verschwand.
Also musste das Konzert noch einmal auf den Plan gesetzt werden und noch einmal und noch einmal. Andere Orchester traten freiwillig zurück, um sich die Gunst des Publikums zu erhalten.
In öffentlichen Gesprächen, in den Parlamenten, in den Zeitungen, in den Nachrichten, im Radio und Fernsehen ging es nur noch um das zweigestrichene A auf Adurs Stradivari.
Probleme hatte das Land keine mehr. Aller Streit war vergessen.

Zwei Millimeter

Zwei Millimeter. Und davon ein Zehntel. Bis meine Fingernägel so viel gewachsen sind. Das war unsere Vereinbarung. Solange wollte ich warten, nicht länger. Gertrud war auf und davon. Irgendwelche Läden hatten immer geöffnet. Da musste sie hin.

Ich war schon im vorgerückten Alter. Da wachsen Haare und Fingernägel besonders schnell. Bei mir ging das geradezu rasant. Nichtsdestoweniger brauchen zwei Zehntel Millimeter bei Fingernägeln ihre Zeit. Ein Zelt hatte ich immer dabei, wenn sich Gertrud aufmachte.

Italien. Es war warm, und die Nacht hatte ihre Romantik.

Wir hatten uns ein sehr feines Instrument anfertigen lassen, das am Daumen meiner linken Hand anzubringen war. Wenn Gertrud ging, markierte der Laserstrahl eine hauchdünne Ritzung auf dem Nagel. Und das Gerät stellte dann deren wachsende Entfernung von meinem Halbmond fest, der bei mir besonders gut ausgebildet war. Die Anzeige hatte hinter dem Komma noch sechs Ziffern und funktionierte wie bei einer Gasuhr. Es war eine richtige Lebensuhr, die da ablief, fast ein wenig unheimlich. In der sechsten Stelle rasten die Ziffern wie besessen. Das erste Zehntel verging wie im Flug. Dann schaute ich schon mal, ob ich Gertrud vielleicht doch irgendwo sah. Sie musste ja nicht die ganze Zeit wegbleiben, nur länger nicht. Dann gab es Ärger. Und heute war so ein Tag. Ich hatte es geahnt.

Gertrud brauchte einen Denkzettel. Nach zweieinhalb Zehntel Millimeter, sie konnte nun nicht mehr fern sein, kroch ich in mein Zelt auf dem Rasen etwas abseits vom Weg. Meine zerfledderte Brieftasche legte ich daneben. Einen Arm ließ ich heraushängen. Und ich hatte mir etwas dünnflüssigen Sirup besorgt, mit dem ich eine rote Lache bereitete. Ein mit Sirup verschmiertes Messer legte ich auch noch neben das Zelt.
Und richtig. Da kam sie, hielt Ausschau, entdeckte das Zelt und ging munter darauf los, kam näher. Entsetzen. Hilfeschreie. Die Feuerwehr war so schnell da, dass ich nicht hatte Einhalt gebieten können. Die Blase platzte.
Du hast einen halben Millimeter überzogen. Die Rechnung geht also an Dich.
Gertrud brachte vor Schreck die vielen schönen Stücke wieder zurück. Ganze zwei Zehntel ist sie nie wieder weggeblieben.

Der Neandertaler

Aus dem Erbmaterial, das einem Knochenfund in Kirgisien entnommen wurde, konnte eindeutig geschlossen werden, dass der Neandertaler entgegen den landläufigen Darstellungen lange Hosen angehabt hat, zumindest die Spezies am Fundort, vor hunderttausend Jahren. Die Forschungslabore aus der ganzen Welt taten sich nun zusammen, um zu klären, ob er die langen Hosen auch mit Bügelfalten getragen hatte. Die Ergebnisse sollten unser gesamtes Weltbild revolutionieren.

Tatsächlich waren mehrere Fasern mit einem Knick gefunden worden. Nun dauerte es nicht mehr lange, und die Theorie von der Bügelfalte war gesichert. Ganze Armeen von Archäologen durchkämmten die alten Wirkungsstätten. Danach trugen nur einige Neandertaler die Bügelfaltenhosen und zwar zu bestimmten Anlässen, nämlich, wenn sie sich zu einem Orchester aufstellten. Zwei Gamben wurden bespielt, eine Bratsche, zwei Querflöten, ein Cello und ein Klavichord. Das Programm begann immer mit einem Adagio, wie aus den Sitzplätzen vor dem Orchester geschlossen wurde, gefolgt von einem Rondo Allegro. Dann kam ein Menuett und zum Schluss immer ein Alegretto grazioso. Daran gab es keinen Zweifel. Das Allegro presto con brio, wie wir es heute spielen, kannten sie nicht.

Eingedenk dieser Erkenntnisse wurden die Engel an den Decken und Wänden der Kirchen und Opernhäuser allerorten durch Neandertaler ersetzt.

Clemens Fußnagel

Clemens hatte seinen Platz in der letzten Reihe, wenn er nicht gerade nach vorn auf die Eselsbank befördert worden war. Dann war erst einmal Ruhe. Es dauerte aber nicht lange, da war ein leises Winseln zu hören. Und selbst von ganz hinten sah man, wie der mächtige Oberkörper von Clemens von einem Schluchzen geschüttelt wurde. Das konnte selbst Herr König, unser hart gesottener Chemielehrer, nicht unbemerkt lassen. Ja was ist denn nun. So kann ich nicht lernen, heulte Clemens nun laut los. Dass die ganze Klasse nicht losplatzte, war ein Wunder. Ich bin stark weitsichtig und kann nichts erkennen, gar nichts. König sah von seinen Reagenzgläsern kaum auf, da er mit einem wichtigen Versuch glänzen wollte. Dann geh schon auf Deinen Platz. Also wischte sich Clemens die Tränen aus dem Gesicht und ging wieder nach hinten. Doch kaum war er auf seinem Stuhl, nahm er einen feinen Pinsel, den er angeblich zum Ausstauben der Reagenzgläser bei sich hatte, und killerte damit die vor ihm sitzende schöne Gerlinde im Nacken. Kichern rundum. So ging das ständig. König bekam keine Disziplin in den Haufen. Ja früher, da hätte es eins hinter die Ohren gegeben. Aber heute. – Noch so einen Schüler, und er hängt sich auf. Den Kollegen ging es nicht besser. Das half zwar nicht viel, aber es gab etwas Trost. Bald kamen die Prüfungen. Da flog der dann hoffentlich von der Schule. Für so einen ist einfach kein Platz auf dem Gymnasium.

Zu Hause hatte Familie Fußnagel einen kleinen Betrieb, wo Fassbrause hergestellt wurde, Waldmeister, Himbeere, Zitrone, Apfel, Birne, einfach alles, was man sich denken konnte. Das warf das nötige Kleingeld ab. Clemens half dann auch schon mal mit aus. Er saß dann am Tage in einem kleinen Holzhäuschen an der Ecke und brachte die Fassbrause an den Mann. Wenn wir im Sommer vorbeikamen, schob er uns auch schon mal so einen Becher zu. Das erfrischte mächtig. Es gab einfach nichts besseres. Der alte Fußnagel hatte die beste Kohlensäure. Die machte er selber.

Gelegentlich sah man auch unseren Direx bei Clemens am Häuschen stehen und eine Fassbrause trinken. Er wollte eigentlich nur ein wenig auf seinen Problemschüler einwirken. Er solle ihm seine Lehrer nicht ruinieren, meinte er spaßig von Mann zu Mann. Und es schien, als ob Clemens ein Einsehen hätte. Der Direx und der alte Fußnagel sangen zusammen im Gemeindechor.

Aber kaum war Clemens wieder in der Schule, sprühte er nur so von Einfällen, bei denen es um jeden einzelnen doch schade gewesen wäre, ihn nicht in die Tat umzusetzen. Es blieb also alles wie es war. Es kam zur Jahresendprüfung.

Eine Mehrheit im Kollegium hatte durchgesetzt, dass Clemens zum Rigorosum in den Naturwissenschaften geladen wurde. Das war sein sicheres Aus. Denn dort musste er vor die Prüfungskommission treten, bestehend aus unserem Direx, den Fachlehrern in Mathematik, Physik, Chemie und Geographie sowie einem Vertreter vom

Schulamt. Und dann musste er einen der verdeckten Zettel ziehen mit Themen quer durch die naturwissenschaftlichen Fächer der letzten vier Jahre. Und nach einer halben Stunde Vorbereitung hatte er einen Vortrag zu dem gewählten Thema zu halten.

Clemens war nun doch in gedämpfter Stimmung. Wie sollte er mal den väterlichen Betrieb übernehmen, wenn er die Schule nicht geschafft hätte. Viel Mut hatte er sich mit seiner Fassbrause auch nicht antrinken können. So nimm denn Unheil deinen Lauf, sagte er laut vor sich hin und trat vor die Kommission. Die unterwiesen ihn noch einmal in dem Prozedere, das er sowieso kannte und forderten ihn auf, einen der Zettel zu wählen. Zufällig oder nicht, sein Blick fiel auf den Direx, der, für die anderen nicht sichtbar, mit seinen Fingern eine Drei zeigte. Also nahm Clemens den dritten Zettel von oben, drehte sich um, ging in den Vorbereitungsraum und sah erst dann auf den Zettel. Mit Mühe unterdrückte er einen Luftsprung.

"Sprechen Sie über die Kohlensäure",

las er da.

Clemens war umsonst in die Schule gegangen. D. h., gelernt hatte er nichts. Aber über Kohlensäure machte ihm keiner was vor. Da hatte er auch schon mal in das Chemiebuch gesehen und wusste glänzend Bescheid. Alles andere kannte er von zu Hause, wo sie die Kohlensäure selbst herstellten.

Clemens ließ die Herren wissen, er habe eigentlich gar keine Zeit, da er in sein Häuschen müsse,

Fassbrause verkaufen. Er wolle den Vortrag sofort halten, ohne Vorbereitung.

Er begann mit den chemischen Zusammenhängen, leitete zur Produktion und Lagerung über, versäumte nicht, diverse technische Einzelheiten auseinanderzusetzen, Transport, Einsatzmöglichkeiten. Kurzum, des Staunens war kein Ende.

Als er fertig war, beglückwünschte ihn der Schulrat und sprach dem Lehrerkollegium der Schule seine Anerkennung aus für die geleistete Arbeit.

König kündigte.

Vater Fußnagel arrangierte, dass unser Direx zur Silvesteraufführung im Gemeindechor die Solopartie singen durfte.

Die grüne Tonne

Auf den Tonnen für die Gartenabfälle war eine häßliche braune Kröte zu sehen. Die zur Arbeit auf den Grünanlagen eingeteilt waren, mussten diese Tonnen füllen. Damit nun nicht nur mit ein paar Reisigzweigen vorgetäuscht werden konnte, dass die Arbeit getan war, hatte sich die Firma was einfallen lassen. Nur dann, wenn nämlich die Tonnen dicht gefüllt und randvoll waren, wechselte der Frosch seine Farbe in ein leuchtendes Grün. Nur dann wurde geleert, und die Strafgefangenen sahen zu, wie der Frosch jedesmal wieder seine braune Farbe annahm. Offenbar musste ein bestimmter Druck auf dem Boden lasten, um den Farbwechsel auszulösen. So schaufelten sie manchmal ein paar Schippen Sand mit rein, um den Frosch aus der Reserve zu locken und konnten sich entspannt in die Sonne legen. Was heißt entspannt. Jeder träumte hier davon, diesen gewaltigen Mauern mit ihrer Stacheldrahtgarnierung zu entkommen und wieder als freier Mensch durch die Welt zu spazieren.
Und das ging nun so. Wenig bevor das Laubauto kam, hatten die mit der Gartenarbeit beschäftigten beiden Gefangenen, Gerhard und Eberhard, zwei der Tonnen leer auf den Abholplatz geschoben und waren unbemerkt selbst hineingeklettert. Als das Auto kam, waren die Laubmänner zufrieden, dass die Tonnen ihr Gewicht hatten. Und ab ging es auf den Renaturierungsplatz. Seit vielen Tagen hatte es keinen Regen gegeben, nur Sonne und viel zu viel Wärme für

die Jahreszeit. Das Laub raschelte ordentlich vor Trockenheit. Gerhard und Eberhard purzelten sanft in den Bioberg 1, wie die erste Stelle des Abfalllagers genannt wurde.
Nun war Eile geboten. Denn erstens sollte sie ja keiner bemerken. Und dann waren dazwischen auch grobe Äste, die nun von Maschinen zerdrückt wurden. Einer der Fahrer hatte sie gesehen, hielt sie offenbar für zwei dumme Jungens, die sich da herumtrieben und schimpfte ihnen hinterher. Aber das Gelände war weitläufig, und sie konnten schnell entkommen.
Das war geschafft. In vollen Zügen genossen sie die frische Luft. Am Abend klopften sie bei einem Bauern an, wo sie gegen Kost und Logis bei der Ernte halfen.
Ein paar Tage ging das gut. Aber dann ging ein rätselhafter Ausbruch aus dem Sicherheitstrakt der Haftanstalt durch die Medien, und sie konnten sich nicht ausweisen. Über kurz oder lang würde sie hier irgendjemand anzeigen. So viel wussten sie inzwischen von der menschlichen Natur. Also waren sie eines schönen Morgens auf und davon, nicht ohne ein paar Würste eingesteckt zu haben. Aber ewig würde das auch nicht reichen. Ein paar kleine Diebstähle überbrückten Engpässe. Doch der Winter stand vor der Tür.
Also beschlossen Gerhard und Eberhard, wieder ihrem Beruf nachzugehen, in dem sie einschlägig ausgebildet waren, Bankeinbrüche. Es lief noch ganz gut. Gelernt ist eben gelernt. Sie gaben sich auch mit wenig Beute zufrieden, mieteten

sich schließlich in einem Hotel ein und warteten, bis die Polizei kam. Sie gestanden alles, lieferten das noch nicht verbrauchte Geld ab und kamen wieder in ihr geliebtes Gefängnis. Wenigstens für die kalte Jahreszeit, dachten sie. Die grünen Tonnen mit den Fröschen gab es immer noch. Da werden wir uns mal gut führen und auf das Frühjahr warten, planten Gerhard und Eberhard ihre Zukunft.

Einige Male hatten sie den Trick mit den grünen Tonnen noch praktiziert, ohne dass jemand dahinter gekommen wäre. Die Haftanstalt musste viel Spott über sich ergehen lassen. Personal wurde ausgetauscht. Der Direktor musste gehen. Und Gerhard und Eberhard machten ihre Ausflüge mit der grünen Tonne. In einigen Bevölkerungskreisen erwarben sie Kultstatus.

Doch die Firma mit den Froschtonnen machte Pleite. Gerhard und Eberhard blieb nichts anderes übrig, als ihre Strafe abzusitzen. Einen Zusammenhang ihrer Sesshaftigkeit mit den Froschtonnen ahnte niemand. In ihrer freien Zeit schrieben sie einen Roman "Die grüne Tonne", der gleich nach ihrer Entlassung gedruckt und ein Bestseller wurde. Verfilmung, Schauspielerkarriere, Einladungen in die ganze Welt.

Das Geld wurde Gerhard und Eberhard nun von allen Seiten zugeschaufelt. Da mussten sie nicht mehr nachhelfen.

Nachtrag: Die stillgelegte Transportfirma für Biogut konnte sich nach Erscheinen des Romans "Die grüne Tonne" mit Produktion und Verkauf ihrer Froschtonnen wieder hochrappeln.

Der Fußabtreter

So weit ist es nun gekommen. Fußabtreter war ich geworden. Ich war hier der Fußabtreter.
Ein Fußabtreter muss sein. Der ganze Schmutz wird sonst von draußen in die Wohnung getragen. Nein, die Schuhe müssen draußen abgeputzt werden. Doch warum soll denn das nun ausgerechnet meine Aufgabe sein. So hatte ich mir den wohl verdienten Ruhestand allerdings nicht vorgestellt.
Den ganzen Dreck sollen sie alle bei mir lassen. Aber nein, hin und wieder wird ein Fußabtreter ja auch ausgeklopft. Da fällt dann der ganze Mist wieder raus. Und dann werde ich wieder schön ordentlich vor die Tür gelegt.
Die Stöckelschuhe werde ich Euch abreißen, versuchte ich herauszuschreien, aber ich bekam keinen Laut heraus. Ich war ja auch nur ein Fußabtreter. Ein Fußabtreter hatte nichts zu sagen. Wenn ich doch wenigstens vor der Schwelle zum Salon liegen würde, wo sich dann die feinen Pantöffelchen bei mir eindrücken und ich dankbare Blicke gen Himmel senden könnte. Nein, hier draußen in der Kälte musste ich aushalten und konnte mit anhören, wie lustig es da drinnen zuging. Das ist ein Hundeleben. Ach was, ein Fußabtreterdasein. Dass mir das widerfahren muss.
Gernot, kannst Du Dich vielleicht auch mal wieder aus Deinem Sessel erheben. In der Nacht sollst Du schlafen und nicht am Tag. Was faselst

Du denn da von Pantöffelchen und Stöckelschuhen. Dir werde ich helfen. Aufwachen Gernot, aufwachen. Wenn Du denkst, dass ich die ganze Arbeit alleine mache, hast Du Dich verrechnet. Essen, schlafen, essen, schlafen, essen, schlafen, das hält ja das dickste Pferd nicht aus. Nun weiß ich wenigstens, was Du den ganzen Tag auf Deiner Arbeit gemacht hast. Damit ist es nun vorbei, Gernot. So haben wir nicht gewettet.
Ich war tatsächlich ein wenig eingenickt.
Mein lieber Gernot. Damit eins mal ganz klar ist. Ich bin hier nicht Dein Fußabtreter. Hast Du das verstanden?

Das liebe Geld

Es geht nur ums Geld, das liebe Geld. Also denken alle Leute immer nur ans Geld.
Mit den Märchen fängt es zeitig an, Sterntaler, Goldmarie, da hast du einen Taler, kauf dir eine Kuh,... . Da muss man sich nicht wundern, dass der Kopf voll davon ist und zu, einfach zu. Der Tanz ums Goldene Kalb ist eine viel zu schöne Metapher für das Irrenhaus der Finanzen. Ein hartes Brot für einen Psychologen wäre das, dagegen einzuschreiten. Aber erstens kann den sowieso keiner bezahlen und zweitens hat er auch gar keine Chance. Das wäre etwa so, als würdest du den Daumen auf einen Vulkan halten, um den nächsten Ausbruch zu verhindern.
Denn unter dem Geld brodelt ein Treiben, ein heilloses Treiben. Da wird gegockelt, geputzt, gehampelt und gehüpft von Null bis Hundert, koste es, was es wolle.
Und sind wir am Ende auch nur ein Häufchen Asche oder ein paar trockene Gebeine, da werden dann Heller und Pfennig zusammengeklaubt, um für den Abschied einen Glanz aufzutischen, den es nie gegeben hat.

Die Kartoffel

Deutschstunde. Aufsatz: "Die Kartoffel".
Ihr habt drei Stunden Zeit. Jetzt ist es acht Uhr dreißig. Los geht's.
Wer erinnert sich nicht. Der Lehrer hatte sich auf seinen Unterricht nicht vorbereitet, und wir mussten es aussitzen.
Dabei ist das hier ein durchaus respektables Thema. In der Biologie war es schon dran, in der Geographiestunde und im Geschichtsunterricht. Sogar der Mathelehrer hatte neulich Kartoffeln mitgebracht, um seine eingekleideten Aufgaben damit zu demonstrieren, neue, gekochte Kartoffeln. Wer die Aufgabe zuerst gelöst hatte, durfte eine essen. Ich bekam nie eine ab.
Jetzt eine von diesen wunderbaren Pellkartoffeln, fing ich an zu träumen. Aber die Zeit galoppierte. Irgendwas musste man aufschreiben, sonst kam man an den Pranger, vor der ganzen Schule. Schließlich zitierte ich H. Heine mit einer Variation als Überleitung zu unserem Thema,

"Ein neues Lied, ein besseres Lied,
O Freunde, will ich Euch dichten!
Wir wollen hier auf Erden schon
Das Himmelreich errichten." ...

Ja, Pellkartoffeln für jedermann
und Salzkartoffeln nicht minder.
Gekochte Kartoffeln, sag ich Euch,
für alle Menschenkinder.

Und dann erinnerte ich mich, dass das abgekühlte Salzwasser der Kartoffeln durchaus wohlschmeckend ist und fügte noch eine Fußnote hinzu,

Ich weiß, sie tranken heimlich Kartoffelsaft
und predigten öffentlich Wasser.

– Ob das wohl gut ging. War es Blasphemie, dass ich die Zuckererbsen durch Kartoffeln ersetzt hatte, den Wein durch Kartoffelsaft, usw. Oder war es eine glänzende literarische Idee, gepaart mit hervorragendem Wissen. Hatte ich doch immerhin aus dem Effeff fehlerfrei aus dem 'Wintermärchen' zitiert.

Frau Gericke, unsere Deutschlehrerin, war eine glühende Verehrerin von Heinrich Heine. Ich fieberte der Rückgabe unserer Aufsätze entgegen. Endlich war es so weit. Mein Aufsatz kam zum Schluss. Das sind immer die besten Arbeiten, machte ich mir Mut.

Du bist eine dumme Kartoffel, Karl-Heinz, sagte Frau Gericke nur und schleuderte mir mein Heft entgegen, ungenügend.

Totensonntag

Für meine Beisetzung hatte ich mir eine Urnengrabstelle ausgedacht, aber anstelle des Steines, halb liegend, mit einer Holzplatte. Da hinein war ein Hohlraum eingearbeitet, in dem sich ein CD-Recorder befand, der wartungsfrei mit Solarzellen betrieben wurde. Bei einer geringen Erschütterung, z. B. ein Schritt, fängt Musik an, Schubert, g-moll Sonate für Violine und Klavier, eine halbe Stunde, ein wunderbares Stück.
Nun lag ich also da, wenn auch pulverisiert, aber eben doch da und wartete, dass mal einer vorbei kommt, damit es nicht so langweilig wird. Und wenn dann einer kam, dann blieb der stehen, wenn mein Schubert anfing. Und wenn er auch nur einen Funken Kultur im Bauch hatte, hörte er das ganze Stück mit an. So war ich wenigstens nicht so allein. Wer weiter ging, war ein Barbar. Den konnte ich sowieso nicht gebrauchen, und ich hörte meine Musik alleine.
Mir wurde diese Sonate nie langweilig. Sphärenklänge waren das. Schubert muss wohl immer in diesen Sphären gewesen sein und zog uns ein wenig mit hoch, und besonders, wie ich fand, die nicht mehr unter den Irdischen waren. Die waren ein wenig seinesgleichen. Da hatte ich es also jetzt gut. Nein, hier will ich nicht mehr weg. Hier kann man es aushalten, bis auf den Totensonntag, wenn sie alle angewackelt kommen und so tun, als verstünden sie etwas von uns. Den einen Tag muss man eben die Zähne zusammenbeißen. Die CD habe ich dann immer herausgenommen.

Ein Graf

Ein Graf und eine Giraffe,
die machten gemeinsame Sache.
Sie tranken aus einer Karaffe
und sprachen dieselbe Sprache.

Sie zog eine liebliche Schippe.
Er trug eine Habsburger Lippe.
Sie wechselten schelmische Blicke.
Es wurde die große Liebe.

Onkel Hahnemann

Onkel Hahnemann soll unser Held heißen. Die Älteren unter meinen begeisterten Lesern wissen dann gleich Bescheid und erinnern sich an das Buch aus dem Tosa Verlag von Mätzchen Mohr und Onkel Hahnemann, einen Schwerhörigen. Der wird verlacht und verspottet. Sagt einer, bring mir doch mal die Butterdose und der kommt dann mit einer Unterhose an – das ist eben zu komisch. Was kann der Betroffene dagegen machen, nun, sich noch schwerhöriger stellen, als er in Wirklichkeit ist und alle Anfragen und Aufforderungen einfach ignorieren, um Hohn und Schimpf abzuwenden. So hört er also nicht, was er hören soll und hört dann doch, was gar nicht für ihn bestimmt ist. Beliebter macht ihn das nicht. Und er steht überall daneben.
Ganz anders der Blinde, der ein feines Gefühl entwickelt, sich anstrengt, einen Schimmer wahrzunehmen, bescheiden auf seiner Bank sitzt und für jede Hilfe dankbar ist. Einem Blinden kann man helfen, einem Gehörlosen nicht. Das Geschäft mit den Hörgeräten boomt. Die Preise sind astronomisch, die Leistungen winzig.
Onkel Hahnemann hatte beschlossen, sich nichts dergleichen anzutun. Ärzte lehnte er sowieso ab. Er war seit zwanzig Jahren ohne ausgekommen. Da können ihm auch die Ohrenärzte gestohlen bleiben und die Akustiker sowieso.
Ein rüstiger Frührentner war er und schloss sich einem Sportverband an. Da er kaum was hörte, sagte er auch nichts und war überall nur der

Stumme. Den Spott hatte er damit abgewendet, und es ging ihm gut.

Nun wollte er es ihnen zeigen. Auf die tausend Meter der über Fünfzigjährigen hatte er sich eingeschworen. Die Behindertenklasse kam für ihn nicht in Frage. Er reihte sich in die A-Klasse mit ein. Startschuss und los. Den Schuss hörte er natürlich und erntete wegen seiner schnellen Reaktion Bewunderung, da er am Start nichts einbüßte, trotz seiner Schwerhörigkeit.

Das Fußgetrappel neben und hinter ihm entzog sich seiner Wahrnehmung. Strategie, Taktik und psychologische Manöver waren bei ihm vergebens. Er lief wie ein Synchronmotor und ließ sie am Ende alle stehn. Der Stumme wurde ein Trumpf für die Wettkämpfe.

So manche Medaille holte er, war aber hinterher in der Kneipe nicht dabei, da er ja nichts verstand. Dafür duschte er ausgiebiger, manchmal eine ganze Stunde, was ihm zugebilligt wurde.

Ganz oben hatte er heute gestanden. Wieder und wieder hüllte er sich in Seifenschaum und ließ das heiße Wasser über seinen Körper prasseln, dass er es gerade noch aushalten konnte. Auf einmal gab es einen großen Stich durch seinen Kopf. Über seine Brust rollte etwas. Das hatte sich aus seinen Ohren gelöst. Erst war da ein unbändiges Dröhnen. Dann wurde es ganz hell. Er hörte das Tropfen des Wassers, alles hörte er. Blitzschnell war er angezogen und rannte in die Kneipe. Dort feierten sie die ganze Nacht. Einen Wettkampf hat Hahnemann nicht wieder gewonnen.

Finale

Gedanken gingen hin und her.
Sie flogen aus. Mein Kopf ist leer.
Was seht ihr da zum Fenster raus.
Hier bitteschön, Applaus, Applaus.

Nachwort

Jetzt habe ich alles gesagt. Mein Kopf ist leer. Nicht frei. Das ist was anderes. Einfach leer. Ich hatte immer das Gefühl, dass mein Kopf ein Gefäß ist, und darin sind meine Gedanken. Was ich einmal gesagt habe, ist dann raus, also wirklich hinausposaunt. Deswegen habe ich in der Schule auch nie vorgesagt, dann hätte ich es ja selber nicht mehr gewusst, nur abschreiben lassen konnte ich. Wo ich nun alles gesagt habe, bleibt die leere Gedankenschale zurück. Ich weiß, dass mir hier keiner zustimmt. Ich sage ja auch nur, bei mir ist das so. Wie die Gedanken da hineingekommen sind, wollte ich immer wissen. Ich bin aber nie dahinter gestiegen. Und nun sind sie alle weg. Schade. Vielleicht kommt ja mal einer und füllt was nach.

Rela Ferenz, geboren 1940 in Bochum,
aufgewachsen in Bernburg/Saale.
Physikstudium und Promotion in Berlin.
Verheiratet. Zwei Kinder.
Akademie der Wissenschaften zu Berlin.
Max-Planck-Institut f. Metallforschung Stuttgart.
Fachhochschule Bielefeld.
Humboldt-Universität zu Berlin.
Vorlesungen und Lehrbücher über
Relativitätstheorie, Bewegung in Raum und Zeit.
Lyrik und Kurzprosa. Bisher erschienen sind:
„Mord in der Steintherme - Skurrile Texte“(1. Auflage novum eco 2011. 2. Auflage in Vorbereitung.),
„Geschichten aus dem Nichts -
Mirakel · Märchen · Moritaten“(novum eco 2012),
„Die Mühle am Bach - Gedichte“(united p. c. 2012),
„Sintemalen Floh und Fliege -
Mahlsdorfer Gedichte“(united p. c. 2013),
„Tod in Tegel und andere Geschichten“(united p. c. 2013),
„Alles nur Gedichte“(united p. c. 2013),
„Die Blutmütze - Erzählungen“(united p. c. 2013),
„Johanna Schellenbaum - Erzählungen“(united p. c. 2014).
„Das Sperrgebiet - ein Kaleidoskop“(united p. c. 2014).
„Tod am Schwielowsee *** Mathilde - Zwei Kriminalromane“(united p.c. 2015).
„Die Jüdin - Vier Liebesgeschichten“(united p.c. 2015).
„Tobias Triebel - Krieg und Frieden *** Zwölf Kreuzer - Die Grafen zu Wolkenstein - Zwei Erzählungen“(united p.c. 2017).
„Jackpot - Skurrile Text“(Shaker Media 2023).

Christina Günther, geboren 1948 in Berlin-Biesdorf,
Schule und Studium in Berlin.
Verheiratet. Zwei Kinder.
Arbeiten in Aquarell, Mischtechnik und Bleistift.
Porträts. Illustration von Büchern. Ausstellungen.